Líderes extraordinarios
que cambiaron el mundo

PROFIT
editorial

Profit Editorial, sello editorial de referencia en libros de empresa y management. Con más de 400 títulos en catálogo, ofrece respuestas y soluciones en las temáticas:

- Management, liderazgo y emprendeduría.
- Contabilidad, control y finanzas.
- Bolsa y mercados.
- Recursos humanos, formación y coaching.
- Marketing y ventas.
- Comunicación, relaciones públicas y habilidades directivas.
- Producción y operaciones.

E-books:
Todos los títulos disponibles en formato digital están en todas las plataformas del mundo de distribución de e-books.

Manténgase informado:
Únase al grupo de personas interesadas en recibir, de forma totalmente gratuita, información periódica, newsletters de nuestras publicaciones y novedades a través del QR:

Dónde seguirnos:

 @profiteditorial

  Profit Editorial

Ejemplares de evaluación:
Nuestros títulos están disponibles para su evaluación por parte de docentes. Aceptamos solicitudes de evaluación de cualquier docente, siempre que esté registrado en nuestra base de datos como tal y con actividad docente regular. Usted puede registrarse como docente a través del QR:

Nuestro servicio de atención al cliente:
Teléfono: **+34 934 109 793**

E-mail: **info@profiteditorial.com**

TOMAS A. PÉREZ HERRERA

Líderes extraordinarios que cambiaron el mundo

Prólogo de César Piqueras

Todas las publicaciones de Profit están disponibles para realizar ediciones personalizadas por parte de empresas e instituciones en condiciones especiales.

Para más información, por favor, contactar con: info@profiteditorial.com

Diseño de cubierta e ilustraciones del interior: XicArt
Maquetación: Montserrat Minguell

ISBN: 978-84-19841-84-1
Depósito legal: B 8-2024
Primera edición: Marzo de 2024

Impresión: Gráficas Rey
Impreso en España – *Printed in Spain*

Índice

PRÓLOGO

En el año 1995, Nelson Mandela mantuvo una reunión muy particular con François Pienaar, capitán del equipo de rugby de los Springboks, el equipo nacional de Sudáfrica, que por aquel entonces estaba de capa caída. En la reunión, que se llevó a cabo en el palacio presidencial, Mandela pretendía motivar a François para que los Springboks ganaran la copa del mundo, que ese año se jugaba en Sudáfrica.

El objetivo de Mandela era que aquella victoria pudiera servir como un elemento cohesionador del país, que en aquel momento sufría una crisis interna tras los primeros meses de la época post *apartheid*.

—Dígame François, ¿cuál es su filosofía a la hora de liderar?, ¿cómo hace que su equipo se inspire para rendir al máximo? —le pregunta Mandela.

—Dando ejemplo, siempre he pensado que hay que dar ejemplo, señor —responde François

—Eso es verdad, una verdad como un templo. Pero ¿cómo lograr que sean mejores de lo que ellos creen que pueden ser? Eso es muy complicado, creo yo. La inspiración es la clave. ¿Cómo hallamos la inspiración para superarnos cuando no nos queda otra opción? ¿Cómo hacemos que los demás también se inspiren? A veces yo creo que a través del trabajo de otros. En Robben Island, cuando las cosas se ponían muy difíciles, hallaba la inspiración en un poema. Un poema victoriano. Solo eran palabras, pero me ayudaban a levantarme cuando lo único que quería era derrumbarme.

Mandela se refiere al poema *Invictus* de William Ernest Henley, cuyos versos es posible que hayas leído alguna vez, siendo los más famosos: «Soy el amo de mi destino, soy el capitán de mi alma».

En aquel breve diálogo se esconde una joya de valor incalculable para el lector de esta obra: «Hallamos la inspiración a través del trabajo de otros». A Mandela aquel poema le ayudó a no derrumbarse durante aquellos 27 años que estuvo preso, y a cultivar valores tan nobles como el perdón, la templanza y la generosidad, convirtiéndose en uno de los líderes sociales más transformadores de nuestro planeta.

Si un simple poema puede tener un impacto tan profundo, ¿qué no podrá conseguir conocer más de cerca la vida y las claves del éxito de veinticuatro líderes extraordinarios que han tenido una gran repercusión e impacto en la economía, la sociedad, la tecnología y el mundo tal y como lo conocemos hoy?

Si eres una persona apasionada por el crecimiento y la mejora, esta obra es para ti. En ella se han reunido las claves del éxito de personas tan brillantes e inspiradoras como Richard Branson, Anita Roddick, Warren Buffett, Amancio Ortega o Jeff Bezos, entre otros.

Si te interesa saber cómo hemos evolucionado en las últimas décadas, bajo qué principios se han construido las empresas más grandes que hoy conoces, y tener una visión todavía más clara sobre cómo puede ser el futuro, entonces tienes en tus manos el libro adecuado.

Cada vez que finalizo una conferencia en la que hablo de liderazgo, suelo citar una frase que verás inscrita en el canto de las monedas de una libra cuando viajes al Reino Unido. Es una cita de Isaac Newton: «En pie sobre hombros de gigantes» (*standing on the shoulders of giants*). Newton decía que si había visto más lejos era porque se había apoyado sobre hombros de gigantes, de personas que habían construido un conocimiento previo del que él había aprendido y en el que se había apuntalado. Vemos más y más lejos que nuestros predecesores, no porque tengamos una visión más aguda o mayor altura, sino porque somos elevados y transportados por ellos. Ahora tienes contigo la síntesis de la vida y el éxito de veinticuatro gigantes, ponte de pie sobre sus hombros.

Elije un capítulo para cada día y sumérgete en sus enseñanzas y puntos clave, pueden ser piedras angulares para tus próximos años. Subraya la información importante y si te sientes inspirado por cada personaje, busca más información sobre él o ella.

Con cariño,

CÉSAR PIQUERAS
Conferenciante y escritor

1
Anita Roddick
The Body Shop

Sé un punto verde en un mundo daltónico

Anita Roddick fue la fundadora de una empresa de cosméticos llamada The Body Shop, un negocio que se distinguió por su innovador formato, centrado en vender productos realizados con materiales naturales, amigables con el ambiente y en envases que el cliente pudiera reciclar.

La filosofía de vida de Anita marcó una diferencia en sus productos. La idea de una empresa sostenible y la promoción de la diversidad y la inclusión al hablar de belleza eran valores que la hicieron estar muy adelantada a su época.

En este contexto, su primera tienda se inauguró en 1976 y menos de un año después abrió una segunda sucursal, a pesar de que contaba con una línea de tan solo 15 productos. En pocos años se convirtió en una empresa presente en 55 países, con unas 2.000 sucursales.

Sus principios a favor del medioambiente la hicieron promover la idea de una cosmética consciente, fabricando productos que no eran testados en animales y para los que usaba materias primas naturales compradas directamente a los productores. Estas acciones parecen comunes en la actualidad, pero en el momento en el que Anita comenzó con The Body Shop no era habiual detenerse a pensar en el impacto que causan las empresas en el mundo.

Así pues, Anita fue más que un punto verde en un mundo que en aquella época no distinguía de colores, sino que tenía un gran pincel con el que se dedicó a colorear el planeta, participando de manera colaborativa en campañas con organizaciones como Greenpeace y creando Children on the Edge, dedicada a proteger a niños que vivían en la calle.

ALIMENTA TU CREATIVIDAD

Anita Roddick era hija de inmigrantes italianos y nació el 23 de octubre de 1942 en Inglaterra, Reino Unido. Siguió los pasos de su madre y se convirtió en maestra, profesión que ejerció por poco tiempo, pues decidió viajar por Europa, África, el Pacífico Sur y los Estados Unidos.

El espíritu inquieto y aventurero de Anita necesitaba ser alimentado con experiencias que le ayudarían a descubrir su camino. Así funciona la creatividad, busca exponerte a situaciones de vida que reten a tu intelecto y a tus posibilidades. Esta es una buena manera de explorar tus límites.

Cuando no te sientes a gusto con lo que haces o en el lugar donde te encuentras, puede que sea el momento de imaginar un espacio diferente, una vida distinta, un oficio que te apasione o una idea de negocio relacionada con lo que eres o de lo que quisieras hacer.

Viajar es la mejor forma de estimular tu creatividad, aunque no la única. Por ello, cada vez que tengas la oportunidad de conocer nuevos lugares o interactuar con personas de costumbres diferentes a las tuyas, estás ante infinitas posibilidades de crear. Anita invirtió tiempo en explorar el mundo y en cada lugar que visitaba observó de manera especial los métodos que usaban las personas para el cuidado de su cuerpo. Fue así como tuvo acceso a tantas recetas creadas con productos autóctonos de diferentes partes del mundo, cuyo funcionamiento estaba validado por sus propios usuarios.

Cuando desarrollas tu pensamiento divergente eres capaz de ver lo extraordinario en lo común, lo original en lo que parece cotidiano y lo especial en lo que para otros es ordinario. La diferencia está en la mirada que le das a los espacios que visitas, así que mantente atento y piensa siempre qué puedes sumar o quitar a las cosas tradicionales para mejorarlas y convertirlas en creaciones únicas.

LUCHA SIEMPRE

Cuando Anita regresó de sus viajes se enamoró de Gordon Roddick, con quien tuvo dos hijas. El espíritu bohemio y el amor por los viajes de su esposo los conectó desde el principio, por lo que además de construir una bonita familia, pudieron emprender negocios juntos.

La pareja logró abrir un hotel y un restaurante, con resultados pocos satisfactorios. Además, Gordon decidió hacer un viaje a América para iniciar un proyecto personal en el que Anita lo apoyó, pero ella se quedó sola con sus hijas en un momento poco favorable económicamente.

Esta situación pudo ser intimidante para Anita, como para cualquier mujer, pero ella decidió arriesgarse y crear su empresa de cosméticos. Era muy difícil que Anita imaginara, aun en sus sueños más optimistas, lo que estaba creando, pero su espíritu de lucha le permitió continuar sin darse por vencida.

Luchar por lo que quieres incluye salir adelante en los momentos más difíciles. En lugar de lamentarse por no contar con recursos o por el indeseable resultado obtenido en el primer negocio familiar, Anita decidió luchar.

Luchar, siempre luchar, esa es la premisa para alcanzar el éxito. Pero para triunfar es también indispensable creer, confiar. No puedes luchar solo dando patadas desesperadas para evitar ahogarte. En la vida, luchar implica meditar en los hechos pasados, en la situación presente y en el futuro que quieres. Esta es la forma de tener una garantía de que las cosas pueden mejorar.

La lucha desesperada puede sacarte momentáneamente de donde estás, pero siempre existe el peligro de recaer. Lucha por tus sueños, pero antes, transfórmalos en proyectos, ponles fecha y conviértelos en un plan de trabajo, es decir, actúa de manera que sepas qué paso es el siguiente que debes dar. Luchar significa saber qué es lo que tienes que hacer, incluso cuando las cosas no salen bien.

DALE UN PROPÓSITO A TU VIDA

Aunque The Body Shop nació con la finalidad de obtener un ingreso extra para Anita y sus hijas mientras Gordon estaba en Sudamérica, los valores de Anita se convirtieron rápidamente en una filosofía empresarial que, además, le dio un propósito a su vida.

Es así como, tras la idea de crear productos con materias primas naturales, sin impacto negativo en el medioambiente y con énfasis en la protección de los animales, aparecieron otras ideas de mayor profundidad, que superaban la visión de The Body Shop como organización y se convirtieron en el propósito de vida de Anita.

La pasión de Anita por sus ideales ambientalistas la llevó a ser activista por una gran variedad de causas sociales, logrando hacer aportaciones muy significativas y convirtiéndose en un altavoz de los más necesitados.

Anita Roddick no trabajó nunca más en su vida, pues sus actividades se centraron en alcanzar sus propósitos filantrópicos y de activismo, por lo que se dedicaba a ellos con la pasión y el entusiasmo necesarios para alcanzar y superar sus metas.

Cuando tienes un propósito en la vida, este trasciende todo lo que haces y aporta un elemento diferenciador a tus proyectos. Piensa qué es lo que te apasiona, qué es aquello que deseas cambiar en el mundo o por lo que te gustaría ser recordado.

Si cuentas con una determinación firme por hacer algo todos los días, has encontrado el propósito de tu vida. No siempre se trata de intentar cambiar el mundo, como en el caso de Anita, pero siempre tiene que ver con aquello que te emociona. Tu propósito no tiene que ser el sueño de otros, solo tiene que ser tu motivo para luchar en la vida y lo que te permitirá superar tus propias expectativas.

ENCUENTRA LA BELLEZA QUE HAY EN TI

Anita Roddick envió un mensaje poderoso a las mujeres de todo el mundo. Una de sus frases más difundidas es que «la belleza es una expresión exterior de todo lo que te gusta de ti misma», que utilizó para resaltar la importancia de mirarnos y amarnos tal como somos.

Hoy, este mensaje podemos aplicarlo en beneficio de todos. Para que el mundo pueda ver nuestra belleza tenemos que verla nosotros mismos y ser conscientes de ella. Anita cuestionaba que las marcas de cosméticos tradicionales ofrecieran resultados exagerados, al tiempo que imponían ciertos estereotipos de belleza. Ella siempre defendió la idea de que el cuidado personal debería tener la finalidad de hacernos sentir felices, no inconformes con nuestro cuerpo.

Piensa en cuáles son las cosas que te gustan de tu cuerpo y descubrirás que puede ser un ejercicio difícil de llevar a cabo. Pocas mujeres y hombres pueden ser capaces de enumerar aquellas partes de su cuerpo de las que sienten orgullos, y esto se debe a que los estereotipos han causado una distorsión en el concepto que tenemos de nosotros mismos.

Por eso es tan poderoso el mensaje de Anita Roddick. La belleza que otros ven depende de ellos, pero la que nosotros apreciamos depende de aquello que miramos con cariño en nosotros mismos y que supera los aspectos obvios de nuestra apariencia.

Entender que somos cuerpo, mente y espíritu en un único y perfecto ser humano es el primer paso para encontrar nuestra belleza. Lo que vemos en el espejo no define lo que somos, pero es el momento de respetar tu reflejo y contemplarte con amor. Mira al ser humano que ama, que trabaja, que piensa, que vive, respira, crea y siente. Cuando te haces consciente de que tienes tanta belleza y valor para dar, los demás lo verán.

CREA OPORTUNIDADES PARA TODOS

La filosofía de vida de Anita le permitió contar con la empatía necesaria y suficiente para pensar en los demás y crear oportunidades para que todos pudieran obtener beneficios. Este no es un aspecto secundario en la vida de la empresaria, pues fue capaz de construir un imperio sin necesidad de atropellar a otros.

De hecho, uno de los programas que creó fue Community Fair Trade, que consistía en comprar la materia prima directamente a los productores y pagarles el precio justo, con lo que consiguió beneficiar a comunidades que tradicionalmente eran explotadas.

La empatía te faculta para ponerte en el lugar de los demás y, en ese escenario, crear situaciones en las que puedes beneficiar a otros. No son necesarios grandes recursos económicos para apoyar a quienes lo necesitan, solo hay que pensar en la forma de promover sus actividades y asegurarte de que reciben lo justo a cambio.

Cuando creamos oportunidades para que otros participen de manera activa puedes cambiar su mundo, mientras sigues adelante con tu proyecto de vida, involucrando a comunidades vulnerables. Acciones sencillas como visitar los mercados de agricultura local, comprar productos hechos a mano o preferir productos de origen local sobre los importados pueden hacer que se vean beneficiados grupos menos favorecidos.

Las acciones de Anita Roddick ponen sobre la mesa un estilo de vida en el que lo social está por encima de otros intereses. Esta era su manera de intentar cambiar el mundo.

NO TENGAS MIEDO DE CAMBIAR EL MUNDO

The Body Shop pasó de ser un negocio familiar a una herramienta que Anita Roddick usaría para intentar cambiar el mundo. Su filosofía empresarial tenía como columna vertebral la idea de que «un negocio puede cambiar el mundo y la sociedad de todas las maneras imaginables».

Era tan fuerte su creencia que nunca tuvo miedo de usar su empresa como tribuna para dar a conocer su opinión en torno a temas ecológicos, sobre la inclusión, la pobreza y la desigualdad en el mundo.

Cambiar el mundo es posible si te convences de que puedes hacerlo. El legado de Anita Roddick es una evidencia de ello. No temas elevar tu voz para dar a conocer las injusticias que ocurren a tu alrededor, pues cuando las expresas descubres que hay otras personas con ideales afines a los tuyos con las que puedes unirte para trabajar y marcar una diferencia.

Formar parte de una causa social, ambiental o humanitaria le da un propósito superior a tu vida y eso se convierte en una inyección de entusiasmo que se notará en todo lo que hagas.

Cuando asumes una postura crítica ante la desigualdad social, el sufrimiento de los animales o nuestro impacto en el cambio climático, por ejemplo, te conviertes en un sujeto que participa de manera activa en los cambios que son necesarios. La mayoría de nosotros vive en este planeta pensando que no tiene responsabilidad sobre estos hechos y se escuda en que los entes gubernamentales deben ocuparse de resolver los problemas que nos afectan.

Sin embargo, tu papel como promotor de las transformaciones que el mundo necesita comienza por creer que el cambio es posible. Empieza por creer, aprende todo sobre el tema y encuentra personas con ideas afines a las tuyas para comenzar a trabajar en las soluciones que el mundo necesita.

HAZ TU PARTE Y SALVA EL PLANETA

La seria preocupación de Anita Roddick por cuidar el planeta y hacer la diferencia le llevó a construir un negocio que combinó de manera perfecta elementos que de manera insospechada resultaron exitosos. Sin conocimientos sobre *marketing*, logró educar al público que compraba sus productos hasta el punto de que lo hizo sentirse parte de una iniciativa que le permitía hacer algo por el medioambiente.

La calidad de los productos era notable, pero parte de su valor radicaba también en que eran sencillos, económicos y estimulaban la idea del reciclaje, la protección de los animales y el nulo efecto negativo sobre el medioambiente.

Anita descubrió que podía hacerse responsable del problema y decidió hacer su parte para salvar el planeta. Sus valores ecologistas transformaron la vida de muchos y sirvieron para enviar un mensaje contundente que aún se está replicando.

Comienza por asumir que eres un habitante más en esta inmensa roca que tenemos por hogar y que necesita que todos nos detengamos a pensar en ella. Las transformaciones que hacen falta para revertir el cambio climático son tan profundas que es fácil pensar que nuestra aportación no marcará una diferencia importante, pero la verdad es que sí hay mucho por hacer.

Anita usaba una analogía muy interesante para referirse a esto, solía decir: «Si crees que eres muy pequeño para tener un impacto, intenta ir a la cama con un mosquito». Todo cuanto hacemos cuenta, si sabes cuál es el fin que persigues.

La mayoría de las veces basta con ayudar a otros a pensar en el planeta, a conocer el impacto de las pequeñas cosas que hacemos en el día a día, e incluso en el poder de asumir posturas políticas que nos permitan elegir representantes gubernamentales comprometidos con el medioambiente, adquirir productos que sepamos que no son contaminantes y promover el uso de formas de energía respetables con el planeta. Todos podemos hacer algo.

SÉ UN PUNTO VERDE EN UN MUNDO DALTÓNICO

Cuando Anita Roddick comenzó con su primera tienda de productos cosméticos no sabía en qué se estaba metiendo. Sus convicciones la hicieron dejar de lado el miedo, inseguridades y dudas para sumergirse en un mundo que desconocía.

Sin embargo, ella pudo ver pronto que el éxito le sonreía y eso es lo que sucede cuando nos atrevemos a dar el primer paso. Ser el primero puede ser aterrador, porque significa que caminamos por un territorio nunca transitado, pero también implica que estamos abriendo un sendero que otros podrán recorrer detrás de nosotros.

Poco se sabía de tiendas con criterio ecológico y protectoras del medioambiente, por lo que Anita y su idea, en un principio, eran apenas un punto verde en un planeta que no estaba preparado para la paleta de colores que se puede disfrutar.

Cuando somos los primeros llevamos la linterna y nos toca iluminar la senda que otros van a transitar. No tengas miedo de dar el primer paso ni te enfoques en las limitaciones ni en los obstáculos que puedes encontrarte en el camino. Sigue adelante y convierte cada paso en un hito, celebra tus logros y deja que se conviertan en tu propio legado.

La confianza en tus propósitos, en tu visión del mundo y en tu filosofía de vida serán la estrategia para lograr que cada idea se convierta en realidad. Al final, verás que el camino recorrido está lleno de personas que te siguen, que comparten tus creencias y apuestan por tus ideas.

La filosofía de Anita Roddick aún resuena en las personas que la escucharon, en quienes la conocieron y en aquellos que han leído sus libros. El modelo empresarial que protege el medioambiente y defiende los derechos de los animales ha sido emulado por otros y se ha convertido en una tendencia que tiene cada vez más seguidores, además de que sus ideales han calado en el fondo de las personas que compran sus productos y creen que es posible marcar una diferencia.

Ya no se trata de una mujer preocupada por el planeta, inquieta por las diferencias sociales y convencida de la emergencia de un cambio, sino que sus ideas trascendieron su propia vida y hoy podemos tomarlas como referencia para asumir un estilo de vida diferente, así como para sensibilizarnos sobre el mundo en el que vivimos. Las ideas de Anita Roddick ahora existen en millones de personas que piensan como ella.

2
Roberto Goizueta
Coca-Cola

Tómate el mundo como a una Coca-Cola

Una isla del Caribe fue la cuna de uno de los hombres más inspiradores del planeta. La historia de Roberto Goizueta lanza un mensaje que ha impulsado a líderes, empresarios y personalidades de todo el mundo a trabajar por lo que quieren.

La fama de Roberto Goizueta se debe a que, a pesar de su origen latino, ascendió hasta marcar una diferencia muy significativa en el crecimiento de una de las empresas que, para la época, era de las más grandes de los Estados Unidos, Coca-Cola, posicionándola como una marca poderosa y conocida a nivel mundial y elevando el valor de sus acciones de 4.300 millones de dólares, a más de 152.000 millones de dólares.

Roberto Goizueta nació el 18 de noviembre de 1931 en la ciudad de La Habana, Cuba. Su familia era de origen vasco, lo que no es un dato menor, considerando el significado que tendría la migración en el futuro de Roberto.

Críspulo Goizueta y Aída Cantera tuvieron tres hijos, de los cuales Roberto era el mayor. Sus hermanas menores fueron un soporte en la vida del futuro empresario.

Las experiencias de Roberto Goizueta sirven como ejemplo de un conjunto de motivos por los que luchar y conseguir lo que queremos lograr, sin importar las dificultades que se presenten.

APROVECHA TODOS TUS RECURSOS

Roberto Goizueta siempre supo aprovechar las ventajas de ser quien era. Su familia era parte de la aristocracia cubana. Su abuelo materno, Marcelo Cantera, era dueño de una plantación azucarera local, mientras que su padre era arquitecto, así que Roberto y sus hermanas crecieron de forma acomodada, al cuidado de los suyos.

Sin embargo, Goizueta siempre supo mirar más allá de lo que ya tenía. Después de estudiar en un colegio católico en La Habana, cursó estudios en la Cheshire Academy, una escuela en Connecticut, donde aprendió a hablar inglés.

Con la experiencia de Roberto comprendemos que no es suficiente contar con recursos, sino que hay que ser capaz de aprovecharlos para nuestro propio crecimiento. El negocio familiar de los Goizueta parecía asegurar el futuro de los miembros más jóvenes de la familia. Sin embargo, Roberto tenía un instinto natural que lo llevó a prepararse para algo más.

Dominar el inglés no fue un asunto secundario en la vida del joven Roberto Goizueta, pues su desempeño le permitió ganar una beca para estudiar en Yale University, donde obtuvo la licenciatura de Ingeniería Química.

Aprender un nuevo idioma, estudiar una carrera o formarte por tu cuenta, siempre serán herramientas que te prepararán para aprovechar las oportunidades que la vida te pone delante. Pero si decides conformarte con lo mucho o lo poco que ya tienes, te perderás la posibilidad de explorar nuevos territorios.

No se trata de esperar que aparezcan jugosas oportunidades, se trata de prepararse para verlas llegar y tomarlas sin dudar.

ESCUCHA TU VOZ INTERIOR

De regreso a Cuba, Roberto decidió no entrar en el negocio de la refinería de caña de azúcar, sino que se centró en hacer carrera en otro sector. Es allí cuando respondió a un anuncio del periódico en el que solicitaban un ingeniero químico bilingüe para una empresa sin especificar.

Cuando se presentó para el trabajo, la empresa resultó ser Coca-Cola. Lo contrataron inmediatamente y desde ese momento no dejó de trabajar con ella.

En una entrevista, Roberto Guizueta confiesa que sus amigos le dijeron que tenía que estar loco para aventurarse a trabajar en una empresa por un sueldo bajo, cuando podía incorporarse al negocio familiar. No obstante, su instinto era más fuerte que las voces de las personas que le rodeaban y no dudó en escuchar su voz interior, solo para darse cuenta rápidamente de que estaba haciendo lo correcto. En pocos meses, Roberto se había convertido en director técnico de las cinco plantas embotelladoras de Coca-Cola en Cuba.

Nuestra voz interior muchas veces es silenciada por el ruido que nos rodea. No son pocas las ocasiones en las que hemos pensado un plan, un proyecto, una idea de capacitación o una inversión, y nos hemos detenido antes de empezar por culpa de los profetas del desastre que no ven el panorama completo.

Si escuchas tu voz interior puedes cometer errores, pero estos solo te enseñarán qué camino no debes tomar. Cuando no escuchamos nuestro instinto, ese sexto sentido en el que hemos dejado de creer, seguimos adelante por una senda que creemos segura, pero jamás ponemos a prueba la senda que nos indicaba nuestro instinto.

SIEMPRE SE PUEDE COMENZAR DE CERO

Los abuelos de Roberto Goizueta salieron de España a finales del siglo XIX en busca de una vida mejor, motivo por el que aprendieron el significado de empezar desde cero y construirse un patrimonio con trabajo y esfuerzo, específicamente en la siembra de la caña de azúcar. Esta historia de lucha y trabajo duro es todo un emblema de la familia. El instinto de supervivencia siempre fue parte de la vida de Roberto.

Cuando estalló la Revolución Cubana, en 1959, el mundo que Roberto y su familia conocían sufrió un cambio inesperado. Toda la estabilidad que sentía al formar parte de una empresa tan prestigiosa como Coca-Cola y estar en pleno ascenso se transformó en incertidumbre, en virtud de los cambios que ya anunciaba el nuevo régimen.

Las amenazas contra la propiedad privada ponían en peligro el futuro de Roberto en Coca-Cola, pero, además, el inminente embargo a la plantación de azúcar obligó a su la familia a dejar la isla de Cuba. En 1960, Roberto y su esposa, Olga Casteleiro, se fueron a Miami con la excusa de tomar unas vacaciones.

Aunque no fue una decisión sencilla, dejar su país natal era la mejor forma de garantizar el crecimiento que ya Roberto Goizueta tenía en mente. Sin el negocio familiar ni el puesto ya ganado en Coca-Cola, el futuro no lucía tan claro.

Con un patrimonio de 40 $ y 100 acciones de Coca-Cola, la familia tuvo que aprender a vivir en una habitación de hotel y confiar en que, una vez más, el trabajo duro les conduciría al éxito.

En una de sus famosas entrevistas, Goizueta expresa sus sentimientos ante esta experiencia, y la recuerda como la más importante de su vida, porque le enseñó el sentido de humildad y de no tener amor por las cosas materiales.

Comenzar de cero es, pues, una salida estratégica a una situación difícil. Con frecuencia tenemos miedo de perder nuestros bienes. Trabajar a diario para lograr adquirir las cosas que queremos nos otorga ese sentido de pertenencia que nos hace creer que amamos esas cosas y no visibilizamos que son transitorias. Si Roberto Goizueta hubiera decidido quedarse en Cuba, jamás habría estado ni siquiera cerca de lo que logró.

Si miras solo lo que has construido hasta ahora, te estás perdiendo la oportunidad de ver todo lo que puedes lograr en un futuro. Un verdadero líder es capaz de ver cuándo es el momento de cambiar de escenario para comenzar una nueva etapa. A veces no se trata de renunciar a tu patrimonio o a tus logros, pero sí de salir de tu zona de confort y atreverte a caminar en una dirección diferente.

La experiencia de Roberto Goizueta es aleccionadora porque era un hombre acostumbrado a vivir con ciertas comodidades, producto de la buena posición económica de su familia. Su zona de confort lo ubicaba en la isla caribeña donde nació y fue feliz, donde ejercía su licenciatura en química y había ascendido hasta tener un cargo de alto nivel corporativo, pero supo ver que había llegado un momento coyuntural, de esos que nos ponen el mundo patas arriba y ante el que no queda más remedio que reaccionar.

La visión de Roberto le permitió arriesgarse a perseguir un sueño. Ya trabajaba para una gran organización, así que realmente *no* estaba comenzando de cero. Siempre tenemos algo de lo que estamos hechos y que se convierte en el activo más valioso en el momento de salir adelante.

Los primeros días en los Estados Unidos utilizó un hotel en el aeropuerto de Miami como hogar y oficina de trabajo, pero ya en 1961 la empresa Coca-Cola lo trasladó a las Bahamas, y en 1964 fue enviado a la sede de Coca-Cola en Atlanta, Georgia. Ya no estaba en cero, ni lo estaría nunca más.

En Atlanta comenzó a suceder la *magia* que marcó para siempre el futuro de Roberto Goizueta y definió la envergadura de su legado. Fue ascendido a vicepresidente de Investigación Técnica y Desarrollo de la empresa Coca-Cola. A sus 35 años, se convirtió en la persona más joven en obtener este puesto en la empresa.

CAMINA A PASO FIRME HACIA LA INNOVACIÓN

Lo que hizo diferente el paso de Roberto Goizueta por la empresa Coca-Cola fue su visión. Ya quedó en evidencia que era un hombre con talento para aprovechar todos los recursos y oportunidades, pero cuando alcanzó un alto puesto en la empresa, su carácter innovador lo llevó a otro nivel.

Goizueta se convirtió en director, presidente de la compañía y director de operaciones de Coca-Cola y usó su poder e influencia para gestar cambios significativos en el funcionamiento de una empresa que contaba con gran aceptación, pero que, definitivamente, podría funcionar mejor.

La innovación suele ser vista con desconfianza por los más tradicionales y romper estas estructuras llega a ser muy difícil. Sin embargo, cuando cuentas con talento y un buen equipo de trabajo, puedes atreverte a generar cambios precisos y bien definidos por un propósito claro.

Las habilidades de estratega de Goizueta no se limitaron nunca a las de un director ejecutivo. Los cambios que impulsó tenían su génesis en la empresa, en la forma como se hacían los procesos, en el *marketing*, en la calidad del producto y en la forma de escuchar las demandas del cliente. Los resultados no tardaron en saltar a la vista.

Los riesgos que asumió Roberto Goizueta estaban precedidos por la clara intención de renovar Coca-Cola a través de la innovación en todos los sentidos.

En la vida y en los negocios es necesario asumir riesgos. Quedarnos demasiado cómodos siempre significa que ha llegado el momento de cambiar y, en ese contexto, la innovación, la creatividad y el dinamismo son las herramientas que debes utilizar para no conformarte con lo que está bien, sino para buscar que el funcionamiento sea excelente.

En cualquier cargo que alcances en tu vida profesional, en toda idea que emprendas, es imprescindible mantenerse en movimiento, inventar, crear nuevas formas de actuar y perseguir un rendimiento mayor a través de la innovación, he allí una herramienta para el éxito organizacional.

CONVIERTE CADA FRACASO EN UNA EXPERIENCIA DE ÉXITO

Uno de los episodios más famosos en la vida profesional de Roberto Goizueta tiene que ver con el fracaso de uno de sus planes de innovación. Aunque Coca-Cola logró incorporar versiones muy exitosas de productos innovadores, como bebidas sin cafeína y sin azúcar, hubo un producto que casi termina con la corporación. La *Nueva Coca-Cola* fue rechazada por el público más tradicional, que apegado emocionalmente a la marca no se sintió satisfecho con el sabor de esta nueva bebida que imitaba el de su competidor más fuerte, Pepsi-Cola.

La reacción de Goizueta ante los resultados negativos no se hizo esperar y lejos de buscar culpables de la situación, optó por el relanzamiento de su antigua bebida con el nombre de *Coca-Cola Clásica* y la presentó junto con la *Nueva Coca-Cola*.

En lo que ha sido calificado por algunos como un milagro de *marketing*, Goizueta logró vender su producto de siempre como novedoso y fue capaz de profundizar la fidelidad de los clientes con la bebida, cosa que también se evidenció en el incremento de las ventas.

Ningún error puede ser definitivo. La mejor manera de resolver una circunstancia negativa es enfrentarla rápidamente y evitar que el daño sea mayor.

Cada fracaso es también una oportunidad de aprendizaje y la experiencia de Goizueta lo demuestra. Los estudiosos del *marketing* han analizado su reacción y resaltado la importancia de su rápida respuesta y clara disposición a aprender de lo sucedido. Las transformaciones suelen venir acompañadas de éxitos y fracasos por igual, pero son estos últimos los que más nos enseñan.

Para poder responder ante el fracaso es imprescindible enfrentarse a él; esconderse y culpabilizar a terceros solo retrasa el proceso de recuperación. Ante una situación inesperada, el primer paso es confrontar el problema y asumir las riendas de la búsqueda de la solución. Es así como podremos transformar cada trago amargo en una experiencia de éxito.

TÓMATE AL MUNDO COMO A UNA COCA-COLA

Roberto Goizueta siempre supo abrazar el éxito que tenía, nunca utilizó frases que minimizaran su papel en el buen funcionamiento de la compañía, sino que se sentía orgulloso de sus logros y hablaba de ello sin dificultad. Abrazar el éxito te mantiene en una postura de apertura para recibir más de eso que te agrada y te hace sentir bien, con confianza en que mereces lo que tienes y con disposición para continuar en ese proceso de recepción.

No tengas miedo de tu éxito, recíbelo con alegría y agradecimiento, siempre con la convicción de que es tuyo y lo mereces.

El legado de Roberto Goizueta trascendió el mundo empresarial. Ha sido reconocido como una personalidad de envidiable carácter gracias a su instinto para los negocios, sus habilidades como líder, su actitud hacia la innovación, su excepcional poder para enfrentarse a las dificultades y su disposición a aceptar la responsabilidad por todo lo que ocurre en su organización.

Su comportamiento siempre lo mostró seguro de sí mismo y fue calificado como *el hombre que puso al mundo a tomar Coca-Cola* en un momento en el que ostentaba el puesto de empresario de origen latino más rico en los Estados Unidos.

Todos estos son motivos suficientes para reconocerlo como una personalidad cuyas acciones son dignas de emular. Roberto Goizueta logró todo lo que se propuso, y fue él quien se tomó el mundo como a una Coca-Cola.

3
Warren Buffett
Berkshire Hathaway

Un oráculo para ser mejor

Warren Buffett es uno de los hombres más influyentes en el mundo empresarial. Su nombre aparece en el título de alrededor de 50 portadas de libros publicados en todo el mundo, todos relacionados con la idea de dar a conocer el modelo de inversión implementado por quien para muchos es el mejor inversor del mundo.

El crecimiento exponencial de su patrimonio en los primeros años de su vida fue el catalizador de una carrera a la que todos miraban atónitos, pues Buffett rompía esquemas y acumulaba riquezas, al tiempo que se ganaba el respeto de las masas con un estilo de liderazgo que potenciaba la participación de todos en el proceso de dirección empresarial y generaba los mayores dividendos para los accionistas.

Su influencia ha superado los límites del mercado y Warren Buffett es en la actualidad una referencia gracias a su estilo de vida sencillo, su inquietud por las actividades filantrópicas y su forma de relacionarse con las personas.

NACE EL ORÁCULO DE OMAHA

Warren Buffett nació el 30 de agosto de 1930 en Omaha, Nebraska, y fue el único varón de tres hermanos. Sus padres eran Howard Homan Buffett, corredor de bolsa y político, y Leila Buffett.

La crisis financiera de 1929 afectó la vida de su familia, de modo que Buffett tuvo una niñez llena de pobreza y limitaciones que a la postre influyeron en su interés por ganar dinero y hacerse rico.

De hecho, sus intenciones se hicieron visibles desde muy temprano, pues a los 7 años Warren Buffett ya incursionaba en pequeños intentos de negocio, como la venta de chicles y limonadas; a los 14 años compró algunos acres de tierras de cultivo en Nebraska y más adelante instalaba máquinas de *pinball* en negocios de su ciudad. Sin embargo, nadie sería capaz de predecir la magnitud del alcance de su instinto para los negocios en esa época.

Warren Buffett es uno de los hombres más ricos del mundo gracias a su habilidad para realizar inversiones de valor en empresas que en su época no parecían atractivas para el resto de los inversores, lo cual generó una especie de misterio sobre sus elecciones. Hasta cierto punto, el valor de una acción sobre la que Buffett mostrase algún interés experimentaba un incremento prácticamente instantáneo. De modo que todos querían saber qué era lo que decía el oráculo de Omaha y disfrutar de su buena suerte con los negocios.

No obstante, no había demasiada magia en el modelo de inversión de Buffett. Quizás la diferencia estaba en que tenía una percepción diferente de la realidad que le impulsó a ver más allá de lo que veían los demás, sin conformarse con lo que ya estaba establecido.

La verdadera respuesta estaba en la habilidad de Buffett para observar las ventajas de una inversión usando parámetros que otros no utilizaban. Salirse de los esquemas resultó ser una herramienta fundamental para el éxito del que hoy en día es uno de los hombres más poderosos del mundo y cuyo legado merece la pena conocer.

MANTENTE HUMILDE

A sus 92 años, Warren Buffett todavía se encuentra en el top 10 de los hombres más ricos del mundo. Sin embargo, esta posición jamás ha quedado en evidencia en su estilo de vida, más bien austero y sencillo.

Una de las mayores lecciones de vida de Buffett tiene que ver con su integridad como persona, que le ha mantenido fiel a sus raíces y a sus costumbres. De hecho, el inversor siempre ha vivido en su natal Omaha y habita la misma casa que compró en el año 1958.

Los motivos de esta decisión revelan el carácter de este empresario. Buffett afirma que se cambiaría de casa si encontrase otra más cómoda que la que posee, pero de manera diáfana y sencilla describe que ya disfruta de todas las comodidades, al afirmar que puede mantenerse cálido en invierno, fresco en verano y que está a solo cinco minutos de las oficinas centrales de su empresa Berkshire Hathaway.

Podemos suponer que la residencia de Buffett, puertas adentro, debe contar con todas las comodidades para alguien de su estatus, pero no deja de ser atípico que nunca cambiase de vivienda, dada la magnitud de su patrimonio.

Mantener una actitud humilde en un mundo cada vez más consumista y superficial es una de las características más inspiradoras de Buffett. Las posesiones materiales no deben cambiar la esencia de lo que somos, sino transformarnos en seres más valiosos para influir positivamente en los demás.

Más allá de eso, los fines de Buffett siempre se relacionaron con el hecho de ganar dinero, pero esto no significó jamás la necesidad de sumergirse en un estilo de vida lleno de lujos y excesos, tal como suele ocurrir.

Tal vez no tiene nada de reprochable invertir la fortuna personal en alguna que otra excentricidad; sin embargo, la filosofía de Buffett sobre lo que es vivir bien está muy lejos de la idea de acumular muchas posesiones, coches lujosos, joyas y objetos que ostentar en público.

La humildad es un valor que puede permitirnos tener una visión más completa del mundo en el que vivimos y mantenernos cerca del resto de los habitantes de este planeta, que pueden encontrarse en unas condiciones de vida muy distintas a las de otros.

NUNCA ES DEMASIADO PRONTO

Desde niño, Warren Buffett sintió curiosidad por los negocios y se ocupaba de educarse instintivamente para aprender el funcionamiento de las cotizaciones del mercado. A pesar de ser hijo de un corredor de bolsa, sorprendió que a sus 11 años ya se iniciara en el negocio y comprara sus primeras acciones.

El instinto puede gritarnos muy fuerte, pero puede que no le hagamos caso cuando tenemos una idea poderosa porque creemos que no estamos preparados para llevarla a cabo. Nunca es demasiado temprano para comenzar un negocio y ninguna limitación es suficiente para detenernos cuando interiormente creemos que somos capaces de lograr nuestro objetivo.

Lo más inspirador de este episodio de la vida de Buffett es que de niño sabía muy bien que no contaba con la formación suficiente para comprender el funcionamiento del mercado bursátil, pero, lejos de detenerse, accedió a la información disponible y se atrevió a dar el primer paso de lo que se convertiría en una larga y productiva carrera. ¿Cuál fue la primera información a la que accedió?

La información que necesitas está esperando a ser descubierta, aunque no contemos con la experiencia necesaria para sentirnos completamente seguros de nuestros actos. El primer paso siempre nos conducirá al siguiente.

ENCUENTRA LA OPORTUNIDAD QUE SE ESCONDE DETRÁS DE CADA FRACASO

Buffett fue rechazado cuando envió una solicitud para cursar estudios de posgrado en la Universidad de Harvard. Este hecho no fue precisamente un éxito en su vida académica, pero lejos de decepcionarse, el futuro empresario decidió explorar otras oportunidades de estudio que a la larga le condujeron al éxito.

Es muy difícil ver el fracaso como una oportunidad. Cuando las cosas no salen como esperamos, la decepción se hace presente, y con frecuencia desistimos del propósito inicial que nos impulsaba.

La confianza de Buffett no daba oportunidad para la duda. Él sabía que era capaz de ganar dinero a través de las inversiones, pero buscaba la manera de formarse apropiadamente para aprender todo lo posible. Esto le permitió descubrir que en la Universidad de Columbia daba clases un hombre llamado Benjamin Graham, quien había escrito el libro *El inversor inteligente* y quien se convertiría en su maestro y mentor.

Debemos ver el fracaso como una oportunidad para cambiar de ruta, pero sin abandonar la meta que perseguimos. El miedo y la frustración no son buenos consejeros y puede que griten fuerte en nuestro interior, pero no es necesario sucumbir y abandonar nuestros propósitos. Si cuentas con una idea sólida, no hay que rendirse si se presentan obstáculos.

Para un hombre como Buffett fue fácil encontrar rápidamente un plan B cuando no fue admitido en la escuela donde quería formarse, porque él creía en su talento y conocía sus debilidades, así que en su intento por crecer logró concentrar sus esfuerzos en una nueva estrategia. Encuentra la oportunidad que se esconde detrás de cada fracaso.

SUPERA TUS LIMITACIONES

Buffett era un joven tímido y le costaba hablar en público, lo que le incomodaba porque sentía que limitaba sus posibilidades para abrirse paso en los negocios. Esto cobró fuerza cuando empezó a trabajar en la firma de corretaje de su padre, donde tenía que vender recomendaciones de acciones.

Aunque sabía que su verdadero talento estaba en las tareas de análisis de inversiones, Buffett entendió que debía superar sus dificultades para comunicarse con los demás y decidió inscribirse en un curso para aprender a hablar en público impartido por Dale Carnegie, un reconocido autor y orador sobre temas de autoayuda.

Tal fue el efecto de este curso en Buffett que al terminarlo empezó a dar clases de Análisis de valores en la Universidad de Omaha, algo impensable para él apenas unos meses antes.

Reconocer nuestras debilidades nos vuelve más fuertes. Lejos de ser perjudicial, aprender a identificar los aspectos en los que podemos mejorar suele ser un detonante para alcanzar nuevos niveles de conocimiento y adquirir habilidades para las que tal vez nunca nos hemos sentido preparados.

La inteligencia de Buffett le permitió comprender rápidamente que al superar su timidez sería capaz de alcanzar nuevos propósitos. La tendencia a esconder nuestros miedos por considerarlos debilidades no nos deja crecer como personas y tampoco mejorar en lo humano y lo profesional.

Cuando somos capaces de identificar los aspectos de nuestra vida que son susceptibles de una oportunidad de mejora, nos estamos preparando para el éxito. No es necesario interpretar estos elementos como defectos o debilidades. Cuando descubrimos que podemos crecer en algún contexto de nuestra vida estamos frente a una nueva posibilidad para transformarnos en el individuo que queremos ser.

TEN PACIENCIA

La inversión en valor es la mejor lección que Buffett aprendió de su maestro y mentor Benjamin Graham y supone una gran lección de vida para todos. Ante un mundo que sucumbe frente a la inmediatez, la paciencia es un bien muy preciado, tanto en las inversiones como en el día a día.

Del mismo modo que Warren Buffett sorprendía al mundo con su estilo que apostaba por invertir en empresas sólidas y esperar beneficios a largo plazo, las personas deben aprender a esperar.

Aunque la idea de obtener buenos resultados a corto plazo es tentadora en los negocios y en la vida cotidiana, de Buffett hemos aprendido que cuando estamos convencidos de que un activo, una relación o un negocio son verdaderamente valiosos, es importante tomarnos el tiempo para descubrir todos los beneficios que puede aportarnos para nuestra salud emocional y sentimental.

¿Cuántas personas abandonan sus planes, desisten de sus ideas de negocios, se separan de personas a las que amaban, solo porque las cosas no resultaron ser satisfactorias inmediatamente? La inversión de valor que tanto beneficio le ha dado a sus seguidores es un modelo de vida que podemos seguir para construir proyectos y no abandonarlos en las primeras etapas. La visión cortoplacista nos limita y no nos permite recoger los frutos de lo que sembramos.

Ten paciencia y tómate el tiempo necesario para identificar el momento en el que las cosas empiezan a parecerse a lo que esperabas.

SIÉNTETE COMO PROPIETARIO DE TU VIDA

El modelo de inversión de Buffett fue revolucionario porque rompió con esquemas firmemente instaurados. Descubrió que los accionistas de una empresa desean obtener los mejores dividendos de sus inversiones y que un directivo sabio también lo persigue. Sin embargo, notó que existía un vacío entre el papel de los propietarios y el perseguido por el directivo.

Warren Buffett comprendió que un directivo y un inversor deben tener mentalidad de propietario de la empresa. Solo de esta manera son capaces de considerar la importancia de todos los elementos de interés que confluyen en una inversión, más allá de lo que indica el mercado.

Este aspecto no es un dato menor. Ocurre que esta filosofía sirve muy bien para tener un panorama completo de las características de una empresa y su valor, pero también puede extrapolarse a la vida misma. La mayor riqueza que puedes tener comienza por ti, por las cualidades que posees y que te convierten en ser un individuo único e incomparable.

No obstante, con frecuencia nos cuesta mucho trabajo identificar esas características personales que nos posibilitan ser una persona extraordinaria, tanto en el aspecto humano como en el profesional.

¿Cómo podemos ser una inversión atractiva para otros si no somos capaces de invertir en nosotros mismos? La respuesta a este interrogante encierra la clave para convertirnos en la empresa más valiosa.

Muchas veces actuamos como invitados en nuestra propia vida y no nos sentimos dueños de nuestro futuro. Ciertamente, muchos eventos son imposibles de controlar, pero la verdad es que la mayoría de las cosas que nos suceden contienen un mensaje que nos indica la ruta a seguir.

Sentirnos como propietarios de nuestra vida nos proporciona una visión de liderazgo, además de que nos ayuda a comprender nuestro valor y a creer que realmente somos una atractiva oportunidad de inversión.

SÉ MÁS HUMANO

El espíritu filantrópico de Warren Buffett es una de sus características más destacables y, si se quiere, también resulta revolucionario. Muchos multimillonarios dedican grandes cantidades de dinero a ayudar a sociedades benéficas en el mundo entero. No obstante, el pensamiento desprendido de Buffett ha llegado más lejos, pues en reiteradas oportunidades ha manifestado su intención de destinar el 99 % de su riqueza a organizaciones benéficas.

Esto resulta altamente sorprendente y para muchos puede llegar a ser incluso egoísta por no dejar su patrimonio completo en manos de su familia. Sin embargo, el mensaje de Buffett es muy profundo y resalta la necesidad de trabajar en una sociedad más desprendida y con un mayor espíritu de ayudar a los demás.

La idea de acumular riquezas de manera infinita no es mala en sí misma, pero pone sobre la mesa la responsabilidad humana de quienes son extremadamente ricos y su postura ante quienes son extremadamente pobres.

Según Buffett, la idea de construir dinastías está pasando de moda y en la actualidad está creciendo una generación de inversores que desean dejar un legado caritativo. Se trata de personas que viven bien, pero que eventualmente dejan la mayor parte de sus fondos a entidades altruistas.

No es necesario renunciar a nuestro patrimonio para hacer una diferencia en el mundo, pero sin lugar a dudas, esta filosofía de vida podría marcar el nacimiento de una sociedad más comprometida en ayudar a los demás. Todos podemos trabajar para obtener el estilo de vida que anhelamos y merecemos, pero también somos capaces de retribuir a la sociedad y ayudar a quienes lo necesitan. Tenemos la oportunidad de ser más humanos.

UN ORÁCULO PARA SER MEJOR

Warren Buffett es una referencia para el inversor de hoy, tanto como lo fue en los inicios de su carrera, y ese es un indicador de la profundidad de sus ideas, que han permanecido vigentes a pesar del paso del tiempo.

Sin duda, su legado es tan fuerte porque ha tenido una vida inspiradora. Desarrolló un modelo de liderazgo que estimula la participación de todos los miembros de la organización, bajo la premisa de sentirse parte de ella. También rompió los esquemas establecidos para poner en juego ideas propias y las de sus socios más cercanos, con quienes logró establecer relaciones de trabajo fuertes y duraderas.

Adicionalmente, su sencillez le permitió aceptar sus limitaciones para trabajar en sus relaciones y mejorar significativamente, al tiempo que le ha posibilitado ser un hombre humilde, desprendido y filántropo mientras disfruta de una vida que reconoce como feliz.

La verdad es que el oráculo de Omaha es realmente un oráculo para ser mejor. La inspiradora vida de Warren Buffett cuenta con los matices necesarios para ayudarnos a comprender la importancia de atrevernos a dar el primer paso, a aprovechar los fracasos y convertirlos en oportunidades y a mantenernos siempre fieles a nuestros principios.

4
Ingvar Kamprad
IKEA

Superarse para conquistar el mundo

El nombre IKEA representa una sólida empresa dedicada a la fabricación y comercialización de muebles y artículos para el hogar en todo el mundo, un concepto difícil de concebir en los años 40, cuando su fundador era un joven de 17 años que se dedicaba a vender cerillas y lápices en su vecindario para obtener algunas ganancias.

Así se cuenta el inicio de la historia de Ingvar Kamprad, uno de los hombres más influyentes del mundo, que se distinguió de otros grandes emprendedores por ser el creador de un imperio sin contar con ninguna inyección de capital externo a modo de inversión, sino que su empresa creció gracias al trabajo casi intuitivo, pero inquebrantable, de su creador.

UN JOVEN EMPRENDEDOR DE SUECIA

Feodor Ingvar Kamprad nació el 30 de marzo de 1926 en Småland, Suecia. Creció en una granja junto a sus padres, Feodor Kamprad, nacido en Alemania, y Berta Linnea Matilda Nilsson, de origen sueco. Vivía además con su hermana y su abuela paterna.

Kamprad no tuvo una educación formal orientada a los negocios, sino que su pasión por estos era muy natural. Desde muy joven tuvo la visión de convertirse en empresario. De hecho, la primera versión de IKEA fue creada en 1943 gracias a que su padre le regalara una pequeña suma de dinero, como incentivo por sus buenas calificaciones. El nombre de la empresa está formado por sus iniciales, además de la primera letra del nombre de la granja y del pueblo donde creció.

En esta primera versión de IKEA, Ingvar Kamprad vendía productos que podía adquirir fácilmente, como fósforos, carteras, lápices o bolígrafos, valiéndose de su bicicleta como medio de distribución. El logro de sus primeras ganancias marcó un estilo de trabajo sostenido en la vida de Kamprad que no abandonó jamás.

El joven emprendedor de Suecia murió el 27 de enero de 2018 a los 91 años, después de una historia de trabajo y de lucha que convirtió a IKEA en la empresa más grande de mobiliario y artículos para el hogar en el mundo entero.

UN TALENTO INNATO PARA LOS NEGOCIOS

Aunque Ingvar Kamprad no se especializó en ninguna escuela de negocios, dejó un legado que permanece intacto y es motivo de discusión y análisis entre emprendedores noveles y expertos.

Tal vez Kamprad era un joven muy valiente cuando comenzó a vender sus productos al por menor, pero también es probable que no se detuviera a pensar demasiado en sus propósitos y se dejase llevar por su instinto. Así funciona el talento, es una especie de voz interior que nos guía en la dirección correcta, pero a la que frecuentemente no prestamos atención.

El legado de Ingvar Kamprad está formado por numerosos logros que tienen que ver con el crecimiento y expansión de IKEA, pero definitivamente, la historia de cómo comenzó todo es inspiradora para quienes aún intentamos descifrar el mensaje de nuestra voz interior.

Escucha tu instinto y no dejes que el miedo detenga el impulso por hacer tus planes y sueños realidad. Las grandes cosas comienzan por el primer paso, así que comienza a escribir la primera página, compra ese producto en el que deseas invertir, ofrece tus servicios en línea, haz esa propuesta al inversor, descubre tu talento y comienza a trabajar en él. Si dejas que las dudas te detengan no sabrás si has tenido una idea poderosa que tal vez llegue a cambiar el mundo.

LOS OBSTÁCULOS COMO IMPULSO PARA IR MÁS LEJOS

Nada más efectivo para hacernos desistir de nuestros proyectos que encontrarnos con una piedra en el camino. Cada vez que nos enfrentamos a un obstáculo nos vemos tentados a rendirnos y a prepararnos para el fracaso.

Los hombres más exitosos del mundo han vivido historias en las que los obstáculos y fracasos esconden oportunidades para crecer y, definitivamente, Ingvar Kamprad no es la excepción.

Cuando Kamprad comenzó a vender muebles ya habían pasado ocho años desde la fundación de IKEA, pero su estilo de negocio centrado en ofrecer productos de excelente calidad al menor precio del mercado había logrado posicionar a la empresa como la favorita del público. Ante este escenario, sus competidores suecos se sintieron tan amenazados que se organizaron y solicitaron a los proveedores que no le suministraran materia prima.

Cualquier empresa en las mismas circunstancias se habría visto notablemente afectada y en peligro de desaparecer. No obstante, IKEA era dirigida por un hombre de espíritu inquebrantable. Lejos de detenerse, Kamprad buscó y encontró proveedores fuera de Suecia, comenzó a diseñar y fabricar sus propios muebles y dio inicio a la expansión de IKEA, un fenómeno que nunca más se detuvo.

A menudo, quienes se oponen a nuestro crecimiento profesional y personal son precisamente quienes nos hacen descubrir posibilidades para recorrer nuevos caminos que nos conducen al éxito de una manera más expeditiva. Superar obstáculos nos hace caminar un poco más, pero también nos ayuda a llegar más lejos.

SER PERFECTO NO ES NECESARIO, RECONOCERNOS IMPERFECTOS ES IMPRESCINDIBLE

La vida de Ingvar Kamprad, como la de tantos hombres que han dejado su huella en el mundo, ha estado marcada por triunfos, fracasos y equivocaciones que repercuten en la vida y en los negocios.

Una de las enseñanzas más poderosas de Kamprad tiene que ver con la postura que asumió cuando se hicieron públicos sus vínculos con algunos miembros del partido nazi durante su juventud. Pese a las especulaciones y cuestionamientos posteriores, el empresario no negó la historia y reconoció que su abuela tuvo una gran influencia en su postura política de la época.

Por difícil que resultase admitir tal vínculo, aseguró que en aquel momento cometió el peor error de su vida. De hecho, pidió disculpas en público y escribió una carta dirigida a sus empleados judíos en la que les pedía perdón.

El valor de reconocer nuestros errores, por terribles que estos sean, es una condición que nos libera de culpas, nos ayuda a aceptar que somos imperfectos y a tener la humildad suficiente para pedir perdón.

Siempre nos sentimos cómodos cuando logramos proyectar una imagen que satisface las expectativas de los demás y evita que seamos juzgados por nuestros defectos y equivocaciones. Pero cuando salen a relucir nuestros demonios y otros se enteran de lo *malos* que podemos llegar a ser en determinadas situaciones, instintivamente nos cerramos a la posibilidad de reconocerlo y de manifestar arrepentimiento. Mantenerse en negación solo nos empuja a continuar estancados y nos impide dejar de sufrir por nuestros sentimientos de culpa.

En otro momento de su vida, Ingvar Kamprad admitió que durante años fue alcohólico, enfermedad que superó y a la que recayó en varias ocasiones, hasta lograr dejar esa adicción definitivamente. Hablar del tema siendo una persona conocida dejó en evidencia su poder para reconocerse imperfecto, condición imprescindible para seguir adelante y superar miedos, traumas y dificultades.

LA HUMILDAD COMO UNA VIRTUD

Ingvar Kamprad fue acusado de ser el hombre más tacaño del mundo como consecuencia de su estilo de vida sencillo y austero. Sus costumbres llamaban la atención de algunos sectores de la opinión pública, puesto que pese a ser un reconocido multimillonario, conducía un coche que tenía veinte años, no se alojaba en hoteles de lujo ni viajaba en primera clase en los aviones.

No obstante, el mensaje de Ingvar Kamprad era claro: lo que somos *no* se demuestra con lujos y gastos ostentosos. No es necesario demostrar estatus a través de ciertos modos de comportamiento.

El mundo en el que vivimos parece conducirnos por un camino en el que debemos esforzarnos por tener bienes, pero no se le da importancia a ser buenas personas. En este intento, obtener bienes no es suficiente, sino que también es necesario hacer ostentación de ello, por lo que vivimos en la cultura de la apariencia.

Cuando pensamos en las cosas importantes de la vida, puede que el dinero ocupe un lugar en nuestra lista; sin embargo, el tiempo se encarga de demostrarnos que todo aquello que nos hace sentir orgullo, felicidad y plenitud no son objetos que se compren en una tienda.

El pensamiento de Ingvar Kamprad es revolucionario en el sentido de que se niega a cumplir con un patrón de comportamiento según el cual se le exige demostrar que es un hombre con un gran patrimonio económico y comportarse como el estereotipo del millonario.

La humildad es una virtud valiosa que nos mantiene con los pies firmes en la tierra, nos permite entender nuestro papel en el mundo y comprender que el dinero es muy necesario, que compra todo aquello que necesitamos para vivir bien, y muy bien, pero no produce felicidad instantánea. Más importante aún, el dinero y lo que podemos comprar con él no define lo que somos.

LA GENEROSIDAD COMO MARCA PERSONAL

Kamprad fue un hombre preocupado por dejar un legado en el que la generosidad le permitiera retribuir a la sociedad y hacer un aporte en beneficio de los más necesitados. De hecho, creó y presidió la fundación Stichting INGKA que, en esos momentos, fue la segunda institución de caridad más rica del mundo, detrás de la Fundación Bill y Melinda Gates, demostrando su interés por las actividades filantrópicas.

La vida austera del empresario y sus hábitos poco ostentosos, lejos de ser un indicador de un carácter egoísta y preocupado por la acumulación de riqueza, realmente dejaban ver a un hombre que deseaba dejar una huella positiva en el mundo, a través de la sencillez y de la humildad.

El interés por ayudar a los demás habla de personas con un alma noble, que a pesar de tener mucho dinero están sensibilizadas con la realidad del planeta, ubicados en un tiempo y un espacio reales, fuera de la burbuja intoxicante que significa vivir en el mundo de algunos millonarios, que se aislan y pierden el sentido de la realidad, volviéndose inmunes ante los problemas y necesidades de sus prójimos.

Todos tenemos el poder de dar, especialmente si no somos millonarios y estamos familiarizados con las dificultades cotidianas. Además, cuando vivimos en actitud de dar, siempre somos retribuidos con una sensación de felicidad, producto de ver cuánto podemos impactar positivamente en el mundo. Cuando la generosidad es parte de nuestra marca personal estamos dejando un legado invaluable en el mundo.

«LA MAYORÍA DE LAS COSAS ESTÁN POR HACER»

Esta frase de Ingvar Kamprad revela su impetuoso espíritu creativo. Parte del secreto de IKEA radica en que fue una empresa pionera en muchos sentidos, impulsada por los intereses de su creador, quien estaba convencido de que todo es posible.

Trazar un plan, tener un propósito y diseñar acciones para lograrlo es factible, pero concebir una idea innovadora es el verdadero reto. A menudo pensamos que ya está todo hecho y que nuestro papel en el mundo y en los negocios es replicar ideas que ya se están practicando.

No obstante, la mayoría de las empresas han tenido que reinventarse en los últimos tiempos, tanto por el auge de la tecnología e internet, como por los cambios que supuso la necesidad de mantenerse a flote realizando operaciones a distancia.

Esto es una prueba de que todo es posible y que las situaciones más difíciles son precisamente las que nos obligan a transformar lo convencional en extraordinario y adaptarnos a las condiciones que exige el planeta.

La mayoría de las cosas están por hacer y las personas llamadas a ponerlas en práctica probablemente están leyendo estas líneas pensando que no pueden aportar nada significativo. Usar el pensamiento divergente, así como fomentar la curiosidad y la creatividad, nos llevará a construir proyectos poderosos e innovadores.

SIN MIEDO A EQUIVOCARSE

Una de las frases más famosas atribuidas al empresario reza: «Solo aquellos que están dormidos no cometen errores», con la que explica que el paso por el mundo está lleno de situaciones en las que estamos expuestos a equivocarnos, pero que este hecho solo nos vuelve conscientes de que somos humanos.

Cada error es una oportunidad de crecimiento, pero para lograr la sabiduría asociada al hecho de equivocarse es imprescindible dejar de temer a estas equivocaciones y asumir riesgos.

Si estamos despiertos somos capaces de vivir la vida como viene, con todo lo que trae, pero, además, tenemos el poder de actuar en función de mejorar nuestras condiciones, alcanzar los sueños y ser felices.

La vida está llena de situaciones en las que tenemos que arriesgarnos y tomar decisiones que pueden traer consecuencias impredecibles si nos equivocamos. Enamorarse, comprar una casa, invertir, emprender, retomar la escuela y una larga lista de acciones son inminentes oportunidades de ser felices, pero también tienen el poder de destruirnos si nos equivocamos, o al menos eso creemos.

El miedo a equivocarnos nos paraliza y, probablemente, al no reaccionar, evitamos el riesgo de sufrir pérdidas, tanto emocionales como económicas o patrimoniales. Sin embargo, estar vivos implica eso, estar despiertos y dispuestos a disfrutar de los beneficios que conlleva el éxito y aprender de los errores que nos enseña el fracaso.

SUPERARSE PARA CONQUISTAR EL MUNDO

El espíritu entusiasta de Ingvar Kamprad nos hace pensar en la importancia de no conformarnos nunca, ni siquiera cuando todo va muy bien. Los expertos que han estudiado su estilo de negocios coinciden al afirmar que no se centraba en un método específico, pero que definitivamente estaba guiado por una importante necesidad de crecimiento.

Ingvar Kamprad estaba convencido de que lograr una meta puede hacernos desacelerar nuestro camino. En una entrevista afirmó que «el sentimiento de haber acabado algo es un somnífero muy potente...

Una empresa que siente que ha alcanzado sus objetivos se estanca rápidamente y pierde su vitalidad».

Esta frase contiene un poderoso mensaje para los negocios y para la vida, pues con frecuencia nos ponemos límites sin darnos cuenta. Nuestras metas le dan un propósito a nuestros días y somos capaces de alcanzarlas siempre y cuando las incorporemos en un plan. Sin embargo, si carecemos de ambición, puede que estemos subestimando nuestro potencial.

Superar cada etapa de nuestro recorrido en la vida precisa de una actitud que nos permita entender que los límites están en nuestra mente y que siempre podemos superarnos para conquistar el mundo.

5
Brian Chesky y Joe Gebbia
Airbnb

Una pareja que deja huella

B rian Chesky y Joe Gebbia son dos jóvenes e influyentes emprendedores que han cambiado la historia de la industria hotelera en el mundo al poner en marcha una idea innovadora y simple, pero poderosa y fuerte. Se trata de la creación de la empresa Airbnb, que ofrece alojamiento a viajeros en habitaciones, casas y apartamentos de terceros, una experiencia de éxito que ocurrió como resultado de la combinación de ingredientes como creatividad y perseverancia.

Los empresarios se conocieron en la Escuela de Diseño de Rhode Island, pero la magia ocurrió cuando ya se habían graduado y estaban desempleados. La necesidad de pagar el alquiler de la casa en la que vivían les hizo pensar en la oportunidad de ofrecer una de sus habitaciones a visitantes que estaban en la ciudad por un evento de diseño gráfico que se celebraba en ese momento y que se habían quedado sin alojamiento.

Lo que en el año 2007 les generó algún dinero extra, en la actualidad es una empresa de presencia mundial, cuya valoración en el mercado al salir en la Bolsa de Valores de Nueva York en 2020 superó los 100 mil millones de dólares.

La juventud de Brian Chesky y Joe Gebbia es el elemento más inspirador de su historia. Su forma de actuar, segura pero a la vez arriesgada, les llevó a convertirse en iconos del emprendimiento en el siglo XXI.

UNA HISTORIA QUE COMIENZA COMO TODAS

Brian Joseph Chesky nació el 29 de agosto de 1981 en Niskayuna, Nueva York. Es hijo de dos trabajadores sociales, Deborah y Robert H. Chesky, y tiene una hermana menor llamada Allison. Desde pequeño se sintió atraído por el arte y disfrutaba haciendo réplicas de pinturas y diseñando modelos diferentes de zapatos. Estudió en la escuela de diseño de Rhode Island, donde se convirtió en licenciado en Bellas Artes y Diseño Industrial. Es en esta institución donde conoció a su futuro socio, Joe Gebbia.

La vida de Joseph Gebbia Jr. comenzó el 21 de agosto de 1981 en Lawrenceville, Georgia. Sus padres son Eileen y Joe Gebbia y tiene una hermana llamada Kimberly. Sus intereses incluían el arte, la música y los deportes, y durante su niñez realizó varios trabajos.

Gebbia convenció a su antiguo amigo Brian Chesky de mudarse a San Francisco y empezar a descubrir nuevas oportunidades de trabajo, pero inmediatamente se encontraron con el obstáculo de que el dueño del apartamento que alquilaban les aumentaba la mensualidad en un 20%, un precio que definitivamente no estaban en condiciones de pagar. Esta situación dio inicio a una estrategia para ganar unos dólares extras, y en 2008 se transformó en un sitio web llamado Airbedandbreakfast.com, en el que las personas ofrecían alojamiento y desayuno en sus casas y apartamentos y que en poco tiempo se convirtió en lo que hoy conocemos como Airbnb.

La historia de este par de millonarios es inspiradora para jóvenes que se inician en el mundo de los negocios, pero también para quienes han dedicado tiempo a despegar pero han tenido dificultades para lograrlo. Su éxito radica en su visión para afrontar imprevistos, su capacidad para responder a las crisis y su habilidad para desarrollar un modelo de liderazgo que los ha aproximado a sus empleados y clientes.

Lo que podemos aprender de Brian Chesky y Joe Gebbia puede significar para muchos un cambio de paradigma, por lo que requiere apertura para comprender que el mundo de los negocios tal vez se ha transformado al mismo tiempo que la tecnología ha avanzado. Resolver imprevistos de manera expeditiva, pensar en tus socios y crear valor a partir de la resolución de problemas de manera colaborativa son características que antes de Airbnb no eran tan visibles.

ACTÚA CON RAPIDEZ EN UNA CRISIS

Las crisis pueden ser buenas maestras si las abordas con rapidez. Brian Chesky y Joe Gebbia tuvieron que afrontar dificultades en diferentes momentos durante el proceso de crecimiento de Airbnb, pero, sin duda alguna, la prueba más dura la constituyó la aparición de la pandemia de la COVID-19 y las consecuentes limitaciones que implicaba hacer viajes.

Ante esta difícil situación, la empresa corría peligro de desaparecer, ya que no se hacían reservas porque que la gente no podía viajar. No obstante, los jóvenes emprendedores recordaron lo que ya sabían desde el principio: actuar rápido siempre es la mejor alternativa.

A pesar de que Airbnb estaba en franco crecimiento, no era capaz de mantenerse a flote por sí misma y estaba sufriendo pérdidas millonarias que obligaron a sus líderes a actuar rápidamente. Fue necesario tomar medidas drásticas y, para reducir gastos, los dueños de Airbnb tuvieron que reducir a un 25 % de su personal.

Chesky compara este momento con estar conduciendo un coche a 100 km por hora y tener que frenar en seco. El crecimiento sostenido de Airbnb estaba a punto de permitirles cotizar en la Bolsa de Valores, lo que se postergó hasta recuperar su estabilidad.

Esta difícil medida estaba orientada a salvar la empresa, del mismo modo que gracias a su idea de alquilar una habitación a tres invitados en sus inicios lograron pagar la renta de la casa que habitaban

Las crisis suponen un momento en el que nada puede esperar, pues cada minuto puede marcar una diferencia significativa. Lejos de retrasar la toma de decisiones, apurarse a hacerlo puede otorgarnos ventaja competitiva y salvar un negocio.

Entre las mejores lecciones de Brian Chesky y Joe Gebbia para los emprendedores de hoy hay que destacar su valor para asumir que las crisis necesitan una respuesta inmediata, en especial cuando el objetivo que perseguimos está claro y corre peligro.

DEJA UNA MARCA INDELEBLE

La respuesta que das a los problemas puede hacer que dejes una marca indeleble en el mundo y este fin puede resultar inspirador para todos. Cuando una crisis nos paraliza, no somos capaces de marcar una diferencia significativa. Es posible que salgamos de los problemas después de realizar un análisis largo y de seguir una serie de pasos a modo de protocolo, pero eso puede significar perder la posibilidad de crear algo único.

Brian Chesky afirma que cuando las cosas van mal frecuentemente nos preguntamos «¿por qué a mi?», en lugar de asumir que este es el momento de la verdad. La oportunidad para dejar una huella en el mundo es precisamente cuando abordamos las dificultades como nadie más lo haría.

Brian Chesky y Joe Gebbia han tenido la capacidad de actuar de manera asertiva en momentos muy difíciles, como cuando se quedaron sin dinero para pagar el alquiler o cuando veían el peligro inminente que significaba el confinamiento al que fuimos sometidos durante la pandemia. En ambas situaciones, fue necesario ser optimistas y creer en la solidez de los objetivos que perseguían.

La confianza en lo que haces y en lo que deseas alcanzar es el combustible necesario para convencerse y convencer al mundo de que eres capaz de salir de las situaciones difíciles y hacerlo de una manera única. Para dejar una huella imborrable en el mundo es necesario tomar el control de la situación, pensar rápido y ser siempre fiel a tus principios.

LAS CRISIS TE PERMITEN VER TODO MÁS CLARAMENTE

Otro aprendizaje importante que podemos obtener de la manera en que Brian Chesky y Joe Gebbia abordaron sus momentos más difíciles es que, definitivamente, durante las crisis las cosas pueden verse más claramente.

Cuando el tiempo se agota no hay espacio para la duda y las ideas pueden aparecer tan rápido que es posible que las dejemos pasar. Muchas veces necesitamos un cambio de perspectiva, darle una mirada diferente a lo que hacemos cotidianamente y damos por sentado que funciona.

A menudo, las crisis nos asustan tanto y perturban nuestra vida hasta tal punto que nos sentimos acorralados, pero en esta situación el sentido de supervivencia nos posibilita ver lo que ya teníamos delante, pero que no habíamos identificado por considerarlo descabellado o innecesario.

Cuando estamos frente a una experiencia estresante, valoramos más nuestra comodidad e intentamos por todos los medios retomar el equilibrio perdido. Sin embargo, estas situaciones suelen ser transformadoras y pueden hacer que nuestro punto de vista con respecto a la vida o a los negocios ya no sea la misma. Las ideas descabelladas son el escondite perfecto de las ideas geniales.

HACER MÁS DE LO QUE SE ESPERA DE TI

Así como la idea de dejar una marca indeleble en el día a día suele ser inspiradora y atractiva para todos, hacer más de lo que se espera de ti crea una satisfacción que le da un extra a tu forma de actuar en los negocios.

Cuando Brian Chesky y Joe Gebbia decidieron despedir a casi 1.900 empleados de Airbnb en todo el mundo, Chesky les escribió una carta en la que les describía su pesar por la medida que estaba tomando y les agradeció a todos ellos el importante papel que jugaron durante el crecimiento de la empresa.

Además, el emprendedor y su equipo crearon un plan de indemnizaciones que les permitiera a sus exempleados sostenerse durante el confinamiento y crearon una base de datos que les posibilitara acceder a otras fuentes de trabajo.

Hacer lo que se espera de ti está bien, pero dar un paso más y encargarse de solventar las necesidades de quienes están a tu cargo implica tener un sentido de generosidad que es indispensable en modelos de negocio de tipo colaborativo, como el que promueven Brian Chesky y Joe Gebbia en Airbnb.

En este punto, resolver situaciones difíciles también es un momento especial para demostrar valores y liderar con el ejemplo, como ha afirmado Chesky. Comprometerse con las personas es fundamental. Ser razonablemente generosos, atender las necesidades del otro y pensar en el impacto que tienen sobre los demás las decisiones que tomamos marcan una gran diferencia entre el liderazgo tradicional y el que proponen Chesky y Gebbia.

LA IMPORTANCIA DE SER UN LÍDER AUTÉNTICO

Estas experiencias retadoras en las que las decisiones no siempre nos satisfacen, pero definitivamente son necesarias, descubren un escenario en el que solo los líderes auténticos pueden dar la cara y tomar el control.

Explicar los problemas de Airbnb cuando fue necesario reducir el personal significó dar la cara ante dificultades insospechadas, pero, además, fue una declaración de humildad, al reconocer la imposibilidad de la empresa para continuar en las mismas condiciones.

Un líder auténtico reconoce los problemas y los aborda de manera transparente, sin temer expresar sus emociones cuando las cosas salen mal. La confianza del personal se fortalece cuando tiene acceso a la información que justifica llevar a cabo acciones difíciles, como fue el despido de empleados y el cierre de algunas áreas ejecutado por Airbnb en 2020.

Brian Chesky y Joe Gebbia no tuvieron miedo de tomar medidas drásticas y dirigirse a sus empleados en una carta abierta para explicarles la compleja situación de la empresa y la difícil decisión que tomarían para resolverla. Más allá de limitarse a cuidar aspectos legales o a guardar las apariencias, los emprendedores eligieron explicar la situación a las personas que permitieron el crecimiento de la empresa.

ADAPTARSE A LOS CAMBIOS COMO ESTRATEGIA PARA EL ÉXITO

La flexibilidad es una excelente estrategia de negocios en una época en la que las transformaciones ocurren a tal velocidad que pueden hacer desaparecer empresas enteras, sin importar su trayectoria y fortaleza. Para que una organización sea flexible, sus líderes deben serlo también, y esto implica estar preparados para los cambios que sean necesarios con tal de mantener el control.

Aferrarnos a nuestra zona de confort es la reacción más lógica. Mantenernos allí donde nos sentimos seguros es una reacción propia de nuestro propio instinto de supervivencia. No obstante, si nos resistimos a transformarnos es más difícil impulsar el crecimiento.

Cuando la idea de ofrecer alojamiento en viviendas compartidas no terminaba de despegar, Brian Chesky y Joe Gebbia vivieron grandes momentos de incertidumbre, pero nunca se dieron por vencidos. Para generar ingresos extra, aprovecharon la Convención Nacional Demócrata que se celebró en Denver, Colorado, e intentaron convencer a las personas para que ofrecieran sus casas en alquiler y alojar a los asistentes al evento. Para poder impulsar la publicidad del negocio, invirtieron en cajas de cereales a las que pegaron ilustraciones con las figuras de los principales candidatos, Obama y McCain.

Los jóvenes diseñadores regalaron las cajas a periodistas que cubrían la conferencia y lograron recibir tal atención que las cajas de cereal generaron unos 20.000 dólares en beneficios que les permitieron continuar impulsando su recién nacida Airbnb.

La experiencia de Chesky y Gebbia y el carácter adaptativo que mostró su modelo de negocio desde el principio, y de manera especial en momentos duros, como se mencionó durante la COVID-19, demuestran la importancia de contar con la flexibilidad y creatividad necesarias para adaptarse a las transformaciones como estrategia de supervivencia.

TODOS PODEMOS SER GANADORES EN UNA EMPRESA DEL SIGLO XXI

El modelo de negocio de Airbnb es revolucionario e innovador desde su génesis. La juventud de sus dueños, sumada a su falta de experiencia como creadores de una *start-up,* les otorgó un atractivo especial y, aunque muchos pensaron que no tendrían éxito, rompieron todos los pronósticos.

Adicionalmente, los emprendedores asumen el trabajo de Airbnb de una manera diferente a lo que estamos acostumbrados. Aunque ciertamente pretenden hacer mucho dinero, Chesky y Gebbia han cambiado algunas reglas del juego e intentan crear valor con el servicio que prestan, ofreciendo experiencias de calidad, pero no a expensas de terceros.

Los jóvenes emprendedores aseguran que la antigua filosofía de que para que alguien gane otro debe perder, tiene un fallo de diseño. En estos términos, la calidad del producto o servicio sigue siendo la vía para incrementar los beneficios, pero, además, la empresa debe tener un propósito superior que le permita trascender lo económico.

Las nuevas generaciones siguen valorando la calidad, pero también se interesan por adquirir productos y servicios de empresas que tengan una política de armonía con el resto de los actores y con el mundo. La preocupación de Brian Chesky y Joe Gebbia por trabajar en pro de los anfitriones de sus clientes, ofrecer garantías para ellos, además de planes de formación, demuestra su interés por el crecimiento de todos los miembros de la organización.

Lo mismo ocurre con su interés por brindar cada vez una mejor atención a sus huéspedes y al precio más bajo. Nadie tiene que perder para que tu emprendimiento reporte ganancias. Brian Chesky y Joe Gebbia son personas con una alta sensibilidad por los problemas de la sociedad, por lo que tienen una filosofía empresarial que atiende estas demandas e intenta hacer aportaciones para construir un mundo mejor.

LA EMPATÍA COMO FORMA DE VIDA

Ponerse en el lugar de los demás es uno de los ejercicios más difíciles que nos toca hacer como seres humanos que vivimos en sociedad. Sin embargo, es una estrategia ideal para mantenernos con los pies en la tierra y no perder de vista el potencial que tenemos en nuestras manos para transformar la vida de otros.

Brian Chesky y Joe Gebbia son personas con una gran sensibilidad por las actividades filantrópicas y han dedicado gran parte de sus ganancias a apoyar a organizaciones dedicadas a ayudar a grupos vulnerables.

De hecho, ambos emprendedores se unieron a un grupo de multimillonarios llamado *The Giving Pledge*, al que también pertenecen Warren Buffett y Bill Gates. Los miembros asumen el compromiso de donar la mayor parte de su riqueza a diferentes instituciones dedicadas a ayudar a los más necesitados.

En el año 2020, Joseph Gebbia y su equipo lanzaron Airbnb.org, una organización sin fines de lucro que faculta a los anfitriones de Airbnb a ofrecer alojamiento a personas en momentos de crisis, con lo que han logrado ayudar incluso a refugiados y a personas que requieren asilo. También atendieron las necesidades de personas en situación de riesgo durante la pandemia de la COVID-19.

La empatía y la generosidad de emprendedores jóvenes como Brian Chesky y Joe Gebbia son una muestra de que debemos ponernos en el lugar del otro y ayudar en la medida que lo permitan nuestras posibilidades.

Es muy fácil distanciarse de los problemas que vive la sociedad cuando no tenemos ninguna dificultad para cubrir nuestras necesidades básicas. Es fácil olvidar los momentos duros y dejar de mirar atrás para observar el camino recorrido, seguir adelante y no detenerse en el deseo de tener y acumular riqueza.

No tiene nada de malo trabajar para alcanzar beneficios económicos, pero es especialmente positivo que cuando las cosas salen bien, y a veces cuando salen mal, seamos capaces de pensar en nuestros semejantes y ayudarles a salir adelante.

Chesky y Gebbia se han mantenido leales a su idea de crear un modelo de negocio en el que todos sean ganadores, comenzando por quienes forman parte de la organización, y pasando por los clientes y anfitriones, pero, además, dedicando tiempo y espacio a observar lo que ocurre en el mundo y encontrar la manera de marcar una diferencia.

Aprender a identificar ideas creativas, ponerlas en práctica, construir un estilo de liderazgo innovador, resolver las contingencias que se presentan en el camino con rapidez y tener una visión de adaptación y colaboración son características muy particulares que podemos observar en este par de emprendedores que, además, se dedican a ayudar a los demás, dejando una huella imborrable en la sociedad.

6
Hedy Lamarr
GPS

Una mujer adelantada a su época

Hedy Lamarr fue una mujer brillante cuya inteligencia no fue valorada lo suficiente en su momento como consecuencia de otro atributo personal que, literalmente, atrapó todas las miradas del mundo.

La inventora de la tecnología que dio origen a aplicaciones que hoy usamos de forma cotidiana, como el *bluetooth*, el wifi o el GPS, no llegó a conocer plenamente el alcance que tendría su creación, un principio que está valorado en la actualidad en unos 30.000 millones de dólares.

EL NACIMIENTO DE UNA ESTRELLA

Hedwig Eva Maria Kiesler, como fue llamada al nacer en Viena, Austria, el 9 de noviembre de 1914, era hija de un matrimonio judío de clase alta, conformado por Gertrud Kiesler, una pianista y concertista nacida en Hungría, y Emil Kiesler, de origen ucraniano, quien ocupó el cargo de director del Banco Creditanstalt.

La pequeña Hedwig siempre mostró sus habilidades académicas y destacó por ellas. Los maestros señalaban que era una niña con gran inteligencia y competencias superiores al promedio, hasta el punto de que para algunos era una niña con altas capacidades (superdotada). De allí su interés inicial por estudiar ingeniería, idea que abandonó rápidamente, a los 16 años, para comenzar sus estudios de artes escénicas.

Decidida a dedicarse al arte dramático, Hedwig cursó estudios en la escuela berlinesa del director de cine y teatro Max Reinhardt, donde dio sus primeros pasos en la interpretación.

Sin embargo, nadie tenía ni idea del futuro espectacularmente brillante que le esperaba a la joven Hedwing Kiesler, como aún se llamaba.

SIGUE TUS SUEÑOS Y BRILLA

La personalidad de Hedy Lamarr le permitió ver muy claro a qué quería dedicarse desde la primera vez que asistió a un teatro con su madre, que era concertista de piano. El atractivo mundo de los escenarios, los reflectores y el aplauso le atrajo desde el principio, por lo que convenció a sus padres para que la inscribieran en la prestigiosa escuela de arte de Reinhardt.

Su talento apareció rápidamente junto a la impresionante belleza con la que la naturaleza la había dotado. Cuando aún era una adolescente, Hedy comenzó a participar en numerosas películas en Europa, de la mano de varios directores que hicieron todo lo posible por aprovechar sus encantos y mostrarlos en la gran pantalla.

La visión de la joven Hedy Lamarr estaba muy clara. Ella sabía que su futuro estaba en el cine y no dejó que nada la desviara de su camino. No hay nada más importante en la vida que hacer aquello que nos llena de energía y nos apasiona.

Hedy Lamarr era apenas una niña cuando trabajó en su primera película, pero precisamente tener la claridad para descubrir su pasión a tan temprana edad denota una lucidez digna de imitar.

Nuestras metas son importantes, pero no siempre están relacionadas con aquello que nos apasiona hasta el punto de quitarnos el aliento. Ese sentimiento es premonitorio y tal vez no estamos acostumbrados a prestarle atención. Aprender a identificar esa emoción que nos descoloca y nos asusta, pero que al mismo tiempo nos llena de ilusión, es importante. Tal vez se trata de nuestra verdadera vocación, y Hedy supo reconocerla.

La vida siempre nos dará la oportunidad de combinar nuestra inteligencia con nuestro talento y tarde o temprano veremos los frutos.

ESCAPAR PUEDE SER LA SOLUCIÓN

El éxito de las películas de Hedy Lamarr en Europa no la mantuvo inmune a los escándalos. De hecho, la película *Éxtasis*, protagonizada por la actriz, fue censurada por el Papa, y para la sociedad del momento supuso un bochorno, pues Hedy se mostraba completamente desnuda en la cinta.

Debido a la presión social, Hedy Lamarr cedió a la insistencia de su padre y se casó con un empresario armamentista de nombre Fritz Mandl, que pidió su mano al quedar prendado por la belleza de la joven actriz. Los padres de Hedy pensaron que esta era una buena manera de controlar a su impulsiva hija, pero la verdad es que nadie pudo hacerlo nunca.

Con poco tiempo de casada, Hedy Lamarr estaba aburrida de la vida de esposa-objeto junto a su marido. Intentó retomar sus estudios de ingeniería para ocupar su tiempo, pero la actitud controladora y los celos excesivos del marido le provocaron tomar la decisión de escapar.

A pesar de que estaba acostumbrada a vivir rodeada de lujos, Hedy no dudó en idear un plan para huir del castillo en el que vivía con su esposo y, en cuanto tuvo oportunidad, huyó y logró tomar un tren que la llevó lejos de allí.

El espíritu de Hedy le permitió ver claro que no podía estar encerrada en una mansión por más tiempo.

Nuestro propio subconsciente nos despierta esa sensación interior que nos invade y nos hace sentir que estamos en el lugar equivocado, y nos avisa de que podemos hacer las cosas de otro modo.

Salir de nuestra zona de confort supone un riesgo, y eso es lo que genera tanto miedo paralizante y nos impide comenzar de nuevo o tomar un rumbo diferente en nuestras vidas.

Probablemente, Hedy Lamarr pudo tener una vida llena de comodidades al lado de un hombre que estaba dispuesto a darle todo lo que quisiera. Sin embargo, para ella, eso no era suficiente.

A menudo nos conformamos con tener «todo lo que necesitamos». No se trata de ser desagradecidos con lo que la vida nos ofrece, pero lo que creemos que necesitamos puede ser una idea llena de conceptos que nos limitan. Las necesidades básicas son importantes, luchamos para cubrirlas y satisfacerlas nos hace felices. Esto no tiene discusión.

Pero además, ¿qué es lo que nos puede hacer sentir plenos y llenos de felicidad? Alzanzar una meta, cumplir un sueño, hacer realidad aquello que creíamos imposible, etc., estas son las situaciones que nos hacen realmente dichosos.

La vida nos distrae con las demandas más banales, quizás porque algunas son realmente importantes, y sentimos que no tenemos más alternativa que dedicarnos a cumplir con nuestro trabajo, hacerlo bien y esperar nuestra paga a tiempo.

Este razonamiento puede mantenernos alejados de algo más grande, algo que aún no vemos porque estamos ocupados trabajando y confundidos pensando en «lo más importante». A veces es necesario escapar para ver aparecer nuevos horizontes y oportunidades insospechadas.

SIEMPRE ES POSIBLE COMENZAR DE CERO

La sensación de empezar una nueva vida puede ser emocionante para muchos, pero también es aterradora para otros. Abandonar lo que ya tenemos para correr detrás de un sueño es una aventura que luce peligrosa, pero que definitivamente todos deberíamos tener al menos una vez en la vida.

Cuando Hedy Lamarr huyó de su esposo cargó solo con unas joyas y una pequeña bolsa. Llegar a París fue toda una odisea, pero lo logró, y después se desplazó a Londres, donde el destino le presentaría la oportunidad de su vida.

La decisión de escapar de todo era tan seria que se embarcó en el trasatlántico Normandie, con destino a Estados Unidos, buque en el que conoció al productor cinematográfico Louis B. Mayer, uno de los fundadores de la Metro-Goldwyn-Mayer (MGM).

La actriz estaba decidida a obtener una oportunidad de trabajo con el empresario y lo logró. La única condición que se le puso fue cambiar su nombre a Hedy Lamarr para evitar que el público la relacionara con el escándalo de la película *Éxtasis*, lo que aceptó gustosa porque le permitía explorar nuevas oportunidades sin cargar con el peso de su pasado.

Así fue como llegó a Estados Unidos con un contrato firmado con la famosa productora, y no tardó en impactar al público estadounidense, ganándose el sobrenombre de «la más bella». Aunque en un principio no ganaba mucho dinero con su trabajo, su éxito fue inmediato y en pocos años logró escalar posiciones y ser aclamada por el público.

Dejar atrás su antigua vida la llevó a convertirse en una estrella de fama mundial, cosa que no habría conseguido si no hubiera sido capaz de abandonarlo todo.

¿Cuántas veces hemos lamentado perder un amor, un empleo, una propiedad? Todos pasamos por momentos difíciles a lo largo de nuestras vidas, incluso nos hemos visto expuestos a perderlo todo, y la sensación nos ha resultado verdaderamente paralizadora.

Aunque Hedy no era pobre, tuvo que renunciar a todo cuanto tenía. Había perdido a su padre, estaba atrapada en un matrimonio arreglado en el que no era feliz y estaba incapacitada para vivir su pasión por la interpretación. A veces, no tener la oportunidad de vivir como soñamos también produce una sensación de pérdida, de derrota, que puede llegar a embargarnos.

Dejarlo todo para empezar de nuevo y atreverse a comenzar otra vez cuando lo hemos perdido todo, son escenarios en los que solo los valientes se imponen y logran alcanzar lo que siempre anhelaron.

LAS APARIENCIAS PUEDEN ENGAÑARNOS

Hedy Lamarr tuvo que cargar con el peso de ser una mujer demasiado hermosa como para ser inteligente. Una de sus frases más famosas era: «Cualquier chica puede ser glamurosa. Todo lo que tienes que hacer es quedarte quieta y parecer estúpida». De semejante ironía se desprende su inconformidad con la importancia que la sociedad le daba a su belleza.

Hedy desestimó su impresionante belleza porque era muy consciente de ella. Sabía que era hermosa y entendía a la perfección las ventajas que esto suponía en el mundo que había elegido para vivir, pero una mujer inteligente como ella sabía que la belleza tiene fecha de caducidad y, probablemente, en cierto momento de su vida, comprendió lo difícil que es para una mujer demostrar lo inteligente que es, en n especial si se trata de una mujer bella.

Hoy en día podemos pensar que una mujer con las ideas y el valor de Hedy Lamarr era una persona adelantada a su época. Hedy era una mujer que no disfrutaba demasiado de las relaciones sociales que abundaban en el Hollywood de la época —y en el de ahora—, sino que prefería echar su mente a volar y solía inventar cosas, como lo había hecho desde niña.

Es así como incluso en su camerino contaba con una mesa llena de objetos y herramientas con los que podía trabajar en sus creaciones mientras descansaba entre toma y toma.

Los estereotipos pueden ser muy injustos, y la historia de Hedy Lamarr tiene varios elementos que lo evidencian. Esta mujer brillante no insistió en dedicarse a ser inventora porque tomó una decisión y siguió un rumbo que le resultó apasionante, pero también porque era consciente del mundo en el que vivía. De hecho, su vida como inventora pasó prácticamente desapercibida durante muchos años.

«Quedarse quieta y parecer estúpida» era el secreto de su éxito en el cine, pero cuando algo no salía bien para ella en la industria cinematográfica, lamentaba no haberse dedicado a hacer otras cosas.

A pesar del estigma de ser una mujer bella, Hedy nunca dejó de ser creativa, y en la primera oportunidad que tuvo se dedicó a pensar en algunos desarrollos para colaborar con el gobierno de los Estados Unidos a derrotar a los alemanes durante la Segunda Guerra Mundial.

No obstante, el reconocimiento a sus esfuerzos fue escaso. Incluso se la llegó a acusar de haber plagiado su invento a los alemanes durante su tiempo de casada, en el que coincidió con varios líderes nazis amigos de su marido. Incluso se llegó a decir de ella que siempre fue una espía.

Lo cierto es que ella jamás se detuvo en su intento por hacer lo que quería y consideraba correcto. Consciente de que no se daba demasiado crédito a sus ideas, Hedy Lamarr se mantuvo fiel a sus sueños y dejaba que su mente volara libre para crear lo que quisiera. Los estereotipos solo sirven para encasillar, pero lo que está detrás suele ser más sorprendente.

DEMUESTRA LO QUE VALES

Durante la Segunda Guerra Mundial, Hedy Lamarr decidió hacer una aportación para apoyar a Estados Unidos y a los aliados. Inspirada por una televisión con mando a distancia, inventó un principio de comunicaciones de salto de frecuencia con la intención de idear un sistema de detección de torpedos teledirigidos.

Aunque no tenía la certeza de que se la tuviera en cuenta, Hedy no desfalleció nunca en su intento por crear algo que pudiera ser de utilidad durante la guerra. Estaba convencida de que podía lograrlo y no se dio por vencida en su afán por hacer su parte y demostrar su valor.

En compañía de su amigo, el músico George Antheil, crearon un sistema que estaba inspirado en las 88 teclas del piano, por lo que funcionaba con 88 frecuencias y era capaz de hacer saltar señales de transmisión entre las frecuencias del espectro magnético.

La brillante idea no fue valorada por el gobierno de los Estados Unidos, que se limitó a guardar la patente registrada por Hedy y Antheil, y desestimó su importancia. Nadie sabía entonces que este principio sentó las bases para tecnologías como el GPS, el *bluetooth* y el wifi tal como los conocemos hoy.

Aunque Hedy quería insistir en que su invento fuera utilizado para ayudar en la guerra, su amigo Antheil estaba cansado, y decidieron olvidar el tema. Años después supieron que su tecnología había sido utilizada durante la crisis de los misiles de Cuba, en 1962, con la finalidad de interceptar el control sobre los torpedos enemigos.

Los creadores de este avance no pudieron obtener ganancias de su invento, pues se empleó cuando la patente ya había vencido; pero lo más doloroso para ellos fue que jamás fue reconocido como un triunfo suyo, cuando ambos sabían lo importante que era.

Cuando las cosas estaban más difíciles, Hedy decidió seguir adelante y poner en marcha su plan de crear una herramienta para colaborar en la guerra. Su espíritu no le permitía dudar de su valor y le hizo permanecer firme hasta lograr el reconocimiento que merecía. Como herencia, nos dejó principios que nos permiten usar el GPS, el *bluetooth* y el wifi, sin los cuales la vida que hoy conocemos sería imposible.

NO DEJES QUE NADIE TE PISOTEE

Hedy Lamarr llegó a protagonizar más de 30 películas en Hollywood mientras fue considerada la mujer más bella de la industria cinematográfica. Sin embargo, no todas ellas tuvieron éxito, por lo que en muy corto tiempo llegó a conocer el dulce sabor del éxito y la amargura del fracaso, especialmente en el mundo del cine.

Aunque su imagen ya era un icono de la gran pantalla, muy pronto percibió el rechazo de los productores, que ya no le ofrecían personajes en las películas más importantes. En este contexto tan negativo, Hedy tuvo una idea innovadora para una mujer de su época: creó su propia empresa cinematográfica para asegurarse de mantener su presencia en la gran pantalla.

Era de esperar que esta iniciativa no fuera aceptada por los ejecutivos del cine en aquel momento histórico. No era bien visto que una actriz asumiera esta actitud de independencia que ponía en riesgo los intereses de una industria que manejaba a los actores a conveniencia.

Aunque no tuvo éxito, la idea de Hedy fue tan revolucionaria como aquel invento que sentó las bases para nuestros actuales GPS, *bluetooth* y wifi. Como siempre, su personalidad se impuso y le hizo dejar una marca imborrable en su esfuerzo por alzar la voz y no dejarse pisotear por una poderosa industria acostumbrada a no tener competencia.

La vida de Hedy Lamarr en la gran pantalla no mejoró. El paso del tiempo hizo con ella lo mismo que con otros actores y actrices de la época. Los llevó a desaparecer del mapa, al tiempo que llegaban estrellas más jóvenes a ocupar espacios en las carteleras del momento.

Aunque su vida profesional estuvo llena de éxitos, el descenso prematuro la tomó por sorpresa. No supo aceptar bien el paso del tiempo y se volvió adicta a los medicamentos, abusó de operaciones estéticas con las que intentaba devolver a su imagen la lozanía perdida y, finalmente, desapareció del radar público.

Enojada con la industria que desestimó su lado más brillante y con quienes no le dieron reconocimiento por las aplicaciones que había inventado y que estaban utilizando, Hedy Lamarr se ocultó y no dejó que vieran su decadencia.

En los años 90 le fueron reconocidos sus logros y en 1997 recibió el Pioneer Award, reconocimiento por su aporte a la ciencia y a la tecnología como inventora. Al enterarse de ello respondió con desdén «ya era hora» y no mostró emoción alguna. Hedy no permitiría que la vieran alegrarse por un reconocimiento tardío.

La mujer más bella del cine hollywoodense era, por fin, reconocida por su brillantez e inteligencia. Nunca se dejó vencer por quienes la ignoraron y menos por los que intentaron pisotear su nombre o minimizar sus esfuerzos. Aun cuando el reconocimiento a su potencial como inventora llegó tan tarde, nadie pudo quitarle el orgullo de saber quién era y saber lo que había hecho.

Cuando esta tecnología empezó a adaptarse para las redes wifi y telefonía celular, Hedy contaba ya con 80 años, y fue entonces cuando, además de volver a ser rica y famosa, encontró lo que siempre había pedido: ser reconocida por su inteligencia y no por su aspecto físico.

UNA MUJER ADELANTADA A SU ÉPOCA

El ímpetu de Hedy Lamarr es inspirador en primera instancia por tratarse de una mujer. Ella quiso ser artista y quedó atrapada en una industria que la valoró por su apariencia y la descartó cuando ya no era rentable ponerla en la gran pantalla. Sin embargo, jamás se conformó y peleó para mantenerse como actriz con su propia empresa productora, un acto inédito para la época.

Además, su espíritu creativo superaba los límites de lo que podía verse en el cine. La inteligencia de Hedy saltaba a la vista y se ponía en evidencia con cada idea compartida. Incluso le ofreció a Howard Hughes sus ideas de combinar las alas de un ave con las aletas de un pez para crear un sistema de vuelo más eficiente para los aviones que diseñaba.

Ella siempre tuvo una opinión, un punto de vista y una manera diferente de ver las cosas, por lo que sabía cómo mejorar las cosas y optimizar su funcionamiento, tal como lo hizo al crear el principio que en la actualidad nos mantiene más comunicados que nunca.

En una entrevista afirmó: «La esperanza y la curiosidad sobre el futuro me parecían mejores que lo seguro del presente. Lo desconocido siempre fue tan atractivo para mí... y todavía lo es», y dejó en evidencia su pasión por descubrir aquello que no sabía y comprender lo que no entendía.

Sin duda alguna, se trata de una de las mujeres más irreverentes de la historia, cuyo legado, aún desconocido para muchos, supera las aplicaciones de su invento. Hedy Lamarr era una mujer adelantada a su época que nos dejó como legado una creación científica y tecnológica que se convirtió en el GPS, *bluetooth* y el wifi, con todas las aplicaciones en las telecomunicaciones que estos implican.

7
Michael Bloomberg
Bloomberg

Un hombre que siempre va por más

Michael Bloomberg es el fundador de la compañía de información financiera Bloomberg, L.P. Esta empresa se encuentra en más de 120 países de todo el mundo, en los que emplea a unas 20.000 personas, aproximadamente.

Como principal accionista de la organización, Michael Bloomberg es considerado como la octava persona más rica del mundo y su empresa está valorada en más de 50.000 millones de dólares.

Además del innegable éxito financiero que ha demostrado a lo largo de su vida, la de Michael Bloomberg es una historia de éxito, con muchos elementos que sirven de inspiración para quienes le conocen. Su paso por el ámbito político estadounidense lo llevó a convertirse en alcalde de Nueva York durante 12 años, lo que nos da una idea de la diversidad de sus intereses. Además, sus actividades filantrópicas han ocupado la mayoría de sus acciones en los últimos años.

EL NACIMIENTO DE UN HOMBRE QUE SE HIZO A SÍ MISMO

El 14 de febrero de 1942 nació Michael Rubens Bloomberg en la ciudad de Boston, Massachusetts. Sus padres eran un matrimonio judío conformado por William Henry Bloomberg y Charlotte Bloomberg. Su padre trabajaba como contador y su madre era ama de casa. Además, tuvo una hermana llamada Marjorie.

Aunque venía de una familia de clase media, Michael siempre quiso contar con una educación de calidad, por lo que realizó trabajos durante su adolescencia, y tomó préstamos estudiantiles (becas) para ayudar a sus padres a pagar la universidad.

Sus ambiciosos intereses tenían que ver con la certeza de que estudiar es muy importante. No es posible alcanzar el éxito si te conformas con el conocimiento que adquieres empíricamente, y eso siempre fue un punto decisivo para Michael. Tener acceso a una educación de calidad supone la oportunidad de exponerse a cientos de experiencias únicas, que son imposibles de vivir si te conformas con lo que ya sabes.

En una entrevista, Bloomberg afirmó que «la idea de ir a la universidad, en general, es que estás rodeado de nuevos conceptos, culturas y lugares, que obtienes un título y viajas por el mundo». Con esto deja en evidencia su convicción de que la formación universitaria sigue siendo una oportunidad para intercambiar conocimientos, pero también una puerta que abre infinitas posibilidades para triunfar.

De este modo, logró estudiar en prestigiosas instituciones, como la Johns Hopkins, donde obtuvo su grado en Ingeniería Eléctrica y, más adelante, una Maestría en Administración de Negocios, en la Escuela de Negocios de Harvard.

El crecimiento personal y profesional que obtuvo a lo largo de su formación universitaria lo preparó para ser el líder que es en la actualidad.

ACOMPÁÑATE DE GENTE QUE SUME

Bloomberg aprendió rápidamente que las personas que te rodean tienen una gran importancia en el momento de crear y emprender. En repetidas oportunidades ha afirmado, a propósito de su experiencia académica y profesional, que «lo más importante de estudiar es aprender a trabajar con los demás», con lo que insiste en el valor de ir a un centro de estudios con los ojos bien abiertos y con la intención de aprender todo y de todos.

En reiteradas oportunidades, Michael Bloomberg ha mencionado el importante papel de personas como Billy Salomon y John Gutfreund, que fueron sus colegas en Salomon Brothers, así como de sus compañeros en Harvard. Estos le ayudaron a comprender que no se trabaja o se aprende solo, sino que es necesario valorar lo mucho que es posible aprender durante la interacción con los otros.

Aprender de los demás es una estrategia que solo los más espabilados comprenden a la primera. En un mundo competitivo como el que vivimos, es común que las rivalidades ocupen un importante espacio que, en ocasiones, puede limitar nuestras oportunidades para conocer a otros y aprender de ellos.

Sin embargo, mantener una mirada abierta a la posibilidad de crecer al ritmo de otros que admiramos es una estrategia ganadora que nos aleja del conformismo y la autosuficiencia mal entendida.

Acompáñate de gente que suma valor a tu vida, personas de las que puedes aprender algo y desarrollar tus propias habilidades. Esa es una buena ruta que dejó señalada Michael Bloomberg.

SÉ PERSISTENTE, NINGUNA DERROTA ES UNA RESPUESTA DEFINITIVA

La anécdota más conocida en torno a la historia personal de Michael Bloomberg forma parte de uno de los momentos más oscuros de su vida.

Después de dedicar quince años a trabajar exitosamente en la firma Salomon Brothers, Michael fue despedido tras una negociación en la que la empresa fue comprada por Phibro Corporation. En este momento, Bloomberg contaba con 40 años y podía sentirse limitado para acceder a otro trabajo similar al que había tenido como socio en Salomon.

Muchos, en su lugar, se habrían retirado a descansar, prematuramente, antes de aventurarse a competir de nuevo por un puesto en otra organización. Sin embargo, Bloomberg nunca vio esta situación como una adversidad.

Aunque, ciertamente, no esperaba estar desempleado después de ocupar una excelente posición en una prestigiosa firma, no se sentía derrotado. Su instinto lo guió a usar todo su conocimiento y crear su propia empresa, en la que podría poner en práctica lo aprendido durante toda su vida.

Un resultado inesperado puede esconder una serie de oportunidades, pero debemos estar preparados para aprovecharlas. Los cambios ocurren a diario y a veces son tan leves que no nos damos cuenta de que ocurren. Sin embargo, cuando las transformaciones nos sacan de nuestra zona de confort es el momento de operar de manera inteligente y descubrir cuál es el camino a seguir.

Paralizarse no sirve de nada. Es necesario actuar de manera efectiva, tomar cartas en el asunto y dar el primer paso hacia un futuro que puede ser intimidante y desconocido, pero que seguramente nos ayudará a salir adelante.

Persistir es la mejor opción para alcanzar los objetivos. No siempre tenemos éxito a la primera. Incluso cuando todo está saliendo bien, es necesario insistir y encontrar la manera de obtener los mejores resultados.

Cuando Bloomberg recibió el dinero de su liquidación, decidió que era el momento de tomar un nuevo rumbo y encontró la manera de sacar provecho de una situación que, a todas luces, parecía muy negativa.

VALORA TU CONOCIMIENTO

La actitud positiva y resiliente de Bloomberg en el momento en el que se quedaba sin empleo en una etapa madura de su vida le permitió convertirse en un líder que convenció a su grupo más cercano para que lo acompañaran en su nuevo proyecto: Bloomberg L.P.

La experiencia profesional que le precedía más su formación académica le prepararon para hacer frente a una situación inesperada y salir adelante. Sin embargo, el trabajo con sus compañeros fue lo que le ayudó a ser un líder que sabe lo que quiere y va a por ello.

Sus habilidades como ingeniero y lo aprendido sobre economía y finanzas le posibilitaron construir una idea de negocio centrada en vender información valiosa y de primera mano a quienes necesitan tomar decisiones en la Bolsa de Valores y en el mercado bursátil.

El uso de la tecnología para acceder a la información precisa de manera inmediata responde a una necesidad que solo un hombre como Bloomberg podría entender y aprovechar.

El conocimiento que ya tenía era su carta ganadora y Michael lo entendió a la primera. Convencido de que existía la necesidad de contar con una fuente de información completa y confiable, al alcance de la mano, Bloomberg L.P. se transformó en la respuesta para miles de inversores nuevos y expertos que necesitaban estar al día de los movimientos del mercado.

Lo que sabes te prepara para asumir los retos que te depara el futuro. Con frecuencia nos sentimos sin recursos para emprender un negocio y buscamos la idea poderosa que menos recursos financieros necesite. Cuando pensamos así, dejamos de lado el recurso más valioso que tenemos: nuestro propio conocimiento.

No se trata solamente de lo que aprendemos durante nuestra formación académica y profesional, sino también de toda la experiencia que adquirimos y que nos ayuda a responder con precisión ante un imprevisto o conocer las necesidades del cliente y atenderlas de manera efectiva.

Tu conocimiento es el capital que necesitas para crear esa idea innovadora que te permitirá asegurar tu futuro, no lo subestimes.

EL SERVICIO A LA COMUNIDAD COMO FORMA DE VIDA

El trabajo social siempre fue una de las preocupaciones de Bloomberg. Por ello, en un momento en el que su país sufría los estragos posteriores a los ataques del 11 de septiembre, logró convertirse en el alcalde de Nueva York, lo que en esa época era una buena forma de hacer su aportación y servir a la comunidad.

Aunque muchos millonarios, incluido el propio Bloomberg, se ven motivados a participar en actividades filantrópicas que les permitan contribuir al bienestar de otros, no es demasiado frecuente que se interesen por la política y por acceder a cargos de poder que les faciliten marcar alguna diferencia.

Lo que resulta inspirador en este caso es que Bloomberg demostró verdadera convicción y desarrolló una gestión en la que trabajó por la educación de los jóvenes, además de crear mejoras sustanciales en los servicios médicos, así como en seguridad, cultura y arte.

El servicio a la comunidad es una actividad en la que todos podemos participar, pero las transformaciones son posibles desde una posición activa. La sensibilidad ante problemas globales como la pobreza, el cambio climático y las desigualdades son temas de interés común. Todos nos sentimos afectados de alguna manera, pero pocos asumimos la política para fomentar cambios sustanciales en la manera de funcionar de las cosas en el mundo en el que vivimos.

Es común sentirse decepcionado por cómo los gobernantes y líderes, desde mundiales a comunitarios, manejan las situaciones más apremiantes. De hecho, la apatía en torno a elegir autoridades es un problema frecuente en países democráticos de todo el mundo. Sin embargo, estas actitudes sirven para señalarnos como corresponsables de buena parte de los problemas que vivimos.

Convertirnos en protagonistas puede ser una salida para obtener respuestas innovadoras a viejos problemas. No es necesario ser alcalde de la ciudad. Cada uno, desde nuestra posición, contamos con herramientas que nos califican para transformar el entorno en el que vivimos.

La participación activa es urgente. No basta observar con tristeza, opinar enojados y, menos aún, asumir la indiferencia como forma de vida. El servicio a la comunidad comienza con pequeños pasos que se convierten en cambios notorios en el entorno en el que nos desenvolvemos.

Michael Bloomberg pudo asumir una actitud más cómoda y disfrutar de su fortuna lejos del entorno social y político que se vivía en los Estados Unidos. Sin embargo, se atrevió a utilizar su liderazgo y lo aprendido a través de su vida profesional y académica para crear una diferencia.

No es válido sentir miedo. Todos tenemos fortalezas y debilidades y debemos ser conscientes de ellas para mantenernos en pie y trabajar por las transformaciones que queremos lograr. El miedo que paraliza no ayuda. Lo verdaderamente necesario es sentir miedo de no hacer nada, a sabiendas del poder que cada uno de nosotros tiene.

SÉ UN LÍDER QUE AYUDA A LOS DEMÁS

Además de su faceta como político, Michael Bloomberg se ha caracterizado por ser un líder preocupado por devolver a la sociedad parte de lo que ha conseguido a través de sus actividades financieras.

Las acciones filantrópicas en las que se ha involucrado han formado parte de su vida desde antes de convertirse en alcalde. Sin embargo, después de retirarse del ayuntamiento de Nueva York fortaleció su trabajo como colaborador de diferentes causas.

Algunas de las afirmaciones más famosas de Bloomberg en torno a su interés por ayudar a los demás tienen que ver con la frase: «usted es el responsable de sus éxitos y fracasos, pero solo tiene éxito si se comparte el premio con otros». Esto es básicamente el fundamento de sus acciones como promotor de actividades filantrópicas.

No es lícito sentirse satisfecho con los logros obtenidos si no se es capaz de ayudar a quienes sabemos vulnerables y desprotegidos. Incluso, es más satisfactorio contar con amplios recursos financieros si entendemos el poder que estos nos otorgan para cambiar positivamente la vida de otros.

Desde la mano que damos a un vecino en apuros, pasando por el trabajo voluntario y llegando hasta la aportación monetaria que podemos hacer para apoyar causas benéficas, utilizar todo cuanto está en nuestras manos y contribuye al bienestar de otros es una acción noble que debemos emular y replicar.

También tenemos la posibilidad de organizarnos en grupos y apoyar causas ya existentes, con las que nos sintamos especialmente identificados. Solo hace falta abrir los ojos y conocer a quienes ya están apoyando a otros, para fortalecer el impacto de sus acciones.

Ayudar a otros es realmente una forma de hacernos bien a nosotros mismos. Cuando somos capaces de dar, olvidamos nuestras propias necesidades y nos enfocamos en aligerar la carga de los demás.

Cambiar la vida de otros y marcar una diferencia en el mundo, además de lograr que nos sintamos mejor con nosotros mismos, no tiene ningún desperdicio y no tiene nada que ver con nuestra riqueza personal.

Michael Blomberg creó su propia organización benéfica llamada Bloomberg Philanthropies, dedicada a atender temas prioritarios, como salud pública, artes, medioambiente, educación e innovación. Además, usa su voz cuando participa en instituciones importantes para hablar de temas como el cambio climático y la problemática armamentista en el mundo.

Nosotros, aunque no seamos acreedores de la fortuna personal de Bloomberg, estamos en posición de ayudar a los demás y de crear oportunidades para que otros también ayuden.

Como ya hemos aprendido del propio Bloomberg, mantenerse indiferentes no es la respuesta. Aunque los problemas globales nos parezcan fuera de nuestro alcance, vivimos en este mundo y tenemos el compromiso de ayudar y hacer la diferencia. Estamos calificados para hacerlo.

SIEMPRE VE POR MÁS

Resumir el legado de Michael Bloomberg no es una tarea sencilla, toda vez que sigue llevando a cabo constantes actividades, así como participando y haciendo acto de presencia en diferentes acontecimientos relacionados con sus intereses políticos y filantrópicos.

Por tanto, solo es posible decir que es un hombre que siempre busca más. No está satisfecho con lo que ha hecho por la comunidad y por todo el planeta, y se mantiene en constante movimiento para marcar una diferencia.

Esta es una buena manera de vivir la vida. Estar en constante agradecimiento con las cosas buenas que nos suceden y con los beneficios que tenemos también se traduce en devolver una parte a la sociedad.

Agradecer lo que tenemos también nos impulsa a buscar más beneficios, más y mayores éxitos, nuevas metas a alcanzar y más aportaciones para la comunidad. Cuando tenemos el trabajo social, la cooperación y el voluntariado como parte de nuestra vida, en el fondo no nos sentimos satisfechos con ninguno de los logros alcanzados, porque no hay un número específico de caras sonrientes que satisfagan nuestro agradecimiento. Siempre queremos más sonrisas, más caras felices y un planeta más saludable. Siempre, ve por más.

8
Ray Kroc
McDonald´s

Un lobo de los negocios

McDonald's es una empresa que se ha consolidado con un modelo de negocio sólido, que la ha convertido en una organización con más de 40.000 sucursales en todo el planeta. Sin embargo, la historia de éxito de la cadena de comida rápida más conocida en el mundo se debe a la audacia de un empresario con visión y un espíritu inquebrantable.

Ray Kroc se encargaba de vender máquinas para batidos cuando conoció a los dueños de un pequeño restaurante de hamburguesas con un nombre que le pareció de lo más atractivo. Con un impetuoso carácter y unas ansias únicas por tener éxito a sus 50 años, Kroc no descansó hasta convertir esta hamburguesería en la franquicia más importante del planeta.

Su estrategia comercial y sus deseos de crecer financieramente le permitieron comprar la marca a sus dueños y comenzar un camino de éxitos que aún sirve de referencia para jóvenes emprendedores.

En el año 2022, la marca McDonald's tenía un valor de 191.100 millones de dólares estadounidenses aproximadamente, la marca más valiosa del mundo hasta la fecha.

La historia de Ray Kroc es la de un ser humano de carácter incisivo, que jamás se dio por vencido y que peleó por alcanzar todas sus metas.

RAY SIEMPRE SUPO QUE TENÍA UN PROPÓSITO MAYOR

Desde su nacimiento, el 5 de octubre de 1902, Raymond Albert Kroc estuvo destinado a hacer grandes cosas. Descendiente de padres checoamericanos, vino al mundo en Oak Park, Illinois, en los Estados Unidos, muy cerca de Chicago. Fue el hijo de Alois y Rose Mary Kroc. Su padre hizo una fortuna vendiendo bienes raíces durante los años veinte, pero lo perdió todo durante la crisis de 1929.

A edades muy tempranas, el ímpetu de Ray dejó ver algunas señales de que se preparaba para alcanzar grandes propósitos. No tuvo acceso a una educación universitaria, pero eso no lo hizo sentirse en desventaja; asumió que tenía que esforzarse más para alcanzar sus metas.

De hecho, se le atribuye la frase: «Aunque la educación formal sea una ventaja importante, no es una garantía de éxito y su ausencia tampoco es un obstáculo insuperable». Es evidente que, ante la falta de garantías, trabajar al máximo era la única estrategia viable para lograr sus objetivos, y esto fue lo que hizo Ray Kroc.

El trabajo sostenido no siempre asegura que las cosas saldrán bien; sin embargo, llevar todos los esfuerzos hasta el final aumenta nuestras probabilidades de éxito. Cuando haces tu trabajo por un bien mayor, sentirás que estás logrando algo, que estás dando un paso en la dirección correcta. Por ello, tener un propósito de alto valor nos permite llegar a otro nivel en los resultados.

Kroc afirmaba que «si trabajas solo por el dinero, nunca lo conseguirás» y esto es una evidencia de que la meta no puede ser solo conseguir beneficios financieros. Se trata de llegar tan lejos como sea posible, de explorar todas las posibilidades y enfocarse en descubrir cuál es la ruta que lleva hacia el éxito, pase lo que pase.

LA PERSISTENCIA COMO ESTRATEGIA DE ÉXITO

La visión de Kroc lo llevó a ser un hombre muy persistente. Jamás se dio por vencido y, apenas dejó la escuela, se convirtió en el mejor vendedor en una fábrica de vasos. No conforme con eso, después de su jornada laboral trabajaba como pianista en una emisora radial de Oak Park, de donde salía a las 2:00 de la madrugada.

Como resultado, en menos de tres años logró obtener algunos ahorros y comprar su primer coche.

Sus planes de salir adelante le permitieron alcanzar pequeñas metas que alimentaron su entusiasmo. Aunque Kroc no tenía una fortuna, supo valorar sus logros y tuvo la paciencia necesaria para encontrar su rumbo.

No es fácil hacerse millonario de la noche a la mañana. Aunque hay historias que explican cómo jóvenes inversores descubren la estrategia para desarrollar una idea de negocios poderosa a temprana edad, esto no es lo más común.

Es necesario insistir y no desistir en el intento de estar en el lugar con el que soñamos. Cuando Kroc tenía 37 años dejó la fábrica de vasos y empezó a trabajar en el departamento de ventas de una empresa de máquinas para hacer batidos.

Su interés en explorar nuevas ideas le ayudó a desprenderse de un negocio que ya conocía para incursionar en un territorio que le era nuevo e inquietante, pero en el que veia más oportunidades.

Mejores ingresos y nuevos horizontes siempre son una ruta prometedora. Mantener la mente abierta, no encadenarse a ningún lugar y perseverar en la búsqueda de un futuro mejor son las enseñanzas de esta etapa de la vida de Ray Kroc.

QUE LA OPORTUNIDAD NO TE TOME POR SORPRESA

Es difícil ver las oportunidades que no se están buscando. Con frecuencia estamos distraídos, hipnotizados con las actividades cotidianas y perdemos de vista situaciones que pasan ante nosotros llenas de oportunidades.

Tenemos que estar preparados para atrapar cada coyuntura que puede significar un cambio positivo en nuestra vida.

A los 50 años, Kroc se dedicaba a mantener a flote su negocio de venta de máquinas de bebidas, cosa que cada vez se hacía más difícil. Sin embargo, su instinto observador le ayudó a encontrarse con la que sería la oportunidad de su vida.

A pesar de que las ventas no iban bien, un pequeño restaurante en California realizó un pedido de ocho máquinas para preparar batidos, cosa que llamó la atención de Kroc, toda vez que cada una de ellas podía preparar 5 bebidas a la vez.

Ray Kroc fue capaz de ver más allá de lo evidente y se preguntó qué clase de restaurante era capaz de vender tanto, así que emprendió el viaje hasta California. No se limitó a enviar el pedido, sino que fue hasta allí para ver con sus propios ojos de qué se trataba.

Era difícil adivinar que las cosas resultarían como hoy sabemos, pero Ray siguió su instinto porque buscaba nuevas oportunidades. Cuando descubrió el modelo de negocio que tenían los hermanos Dick y Mac McDonald, supo que tenía el potencial necesario para convertirse en algo más grande.

La oportunidad no puede tomarnos desprevenidos. Mantenernos despiertos nos posibilitará descubrir todas las opciones disponibles.

PUEDES SER UN LOBO DE LOS NEGOCIOS

Para muchas personas de carácter conservador, la actitud de Ray Korc fue, en exceso, ambiciosa, y puede que algunos le acusen de *robar* la empresa de los hermanos McDonald. Sin embargo, Korc era un hombre con una visión tan amplia que sus socios no comprendieron a la primera lo que se proponía.

En su mente comenzaron a aparecer cifras que significaban ganancias, como resultado de expandirse y de crear cientos de restaurantes similares en todo el país. Aunque los hermanos se mostraron entusiastas inicialmente, es posible que tales niveles de ambición les parecieran desproporcionados.

Todos somos diferentes y los límites solo están en nuestra cabeza. Puedes ser eternamente el empleado del mes en una hamburguesería y eso estará bien si satisface tus ambiciones. No obstante, es necesario que sepas que también puedes ser un *lobo de los negocios* y el primer paso para lograrlo es confiar en la solidez de tus propósitos.

Nuestras expectativas siempre deben ser altas y las oportunidades de crecimiento que verás aparecer ante ti tendrán el potencial para alcanzar las metas más ambiciosas. No dejes que nadie te contagie con una mentalidad pesimista, ni dejes que otros te impongan sus propios límites. Ser realista no tiene nada que ver con conformarse con menos de lo que has soñado.

Cuando los hermanos McDonald llegaron a un acuerdo con Kroc recibieron el dinero que pidieron por el negocio de toda su vida, pero renunciaron a continuar como parte de la franquicia.

Aunque la operación realizada por Ray Kroc no reportó dividendos de manera inmediata, obtuvo la flexibilidad que quería y el control total sobre el negocio. Nunca se dio por vencido y en poco tiempo se asoció con las personas que le darían el impulso necesario para convertir McDonald's en el imperio que es hoy.

HAZ ALIANZAS ESTRATÉGICAS

No siempre conocemos todo lo necesario para impulsar nuestra idea de negocio. Por este motivo es imprescindible crear alianzas estratégicas, pensadas para lograr un objetivo específico y para resolver las debilidades que tenemos por causa de aquello que ignoramos, en lo que no somos expertos.

Aprender a establecer este tipo de relaciones puede ayudarnos a recibir el apoyo financiero que necesitamos, pero también a desarrollar ideas innovadoras, a las que no llegaríamos por nuestros propios medios o nos tomarían mucho tiempo.

Kroc tuvo la inteligencia de buscar ayuda en personas que pudieron aportar detalles que hicieron de su negocio un modelo pionero y que marcó una diferencia en el mundo corporativo del momento. Harry Sonneborn fue contratado por Kroc como Gerente de Finanzas de McDonald's, y fue él quien le enseñó cómo ganar dinero vendiendo bienes raíces, es decir, convirtiéndose en dueño de los terrenos en los que se construirían los nuevos restaurantes McDonald's.

Con la garantía de que los dueños de las franquicias pagarían un alquiler mensual o un porcentaje de las ganancias, Kroc se preparó para hacer crecer su negocio exponencialmente.

Ray Kroc jamás habría logrado las ganancias que obtuvo si se hubiera enfocado únicamente en el sistema de trabajo desarrollado por los hermanos McDonald, o probablemente le habría llevado más tiempo. Su inteligencia le ayudó a comprender que necesitaba un punto de vista diferente para lograr el crecimiento que esperaba.

Ya había sido paciente y perseverante, pero no era de los hombres que se sientan a esperar a que aparezcan los dividendos. Aliarse con la persona correcta marcó la diferencia y dio al negocio un empuje que ni siquiera él imaginó, pero estaba preparado para aprovecharlo.

¿POR QUÉ TIENES QUE CONFORMARTE?

Agradecer y conformarse son dos cosas diferentes y Ray Kroc fue un hombre que lo tuvo muy claro. En todo momento fue consciente de su potencial y estuvo orgulloso de sus logros, pero siempre quiso dar un paso más.

No tenemos que conformarnos con lo que hemos alcanzado, porque cuando sabemos cuáles son nuestras capacidades y tenemos un propósito claro, no nos sentimos preparados para detenernos.

Aprender a valorar lo que conseguimos es importante para darnos el empuje que necesitamos para continuar. Del mismo modo que dejar las cosas a medio terminar puede resultar más sencillo, las pequeñas metas que vamos alcanzando a lo largo del camino pueden distraernos de un objetivo mayor.

Interesarnos por descubrir cuál es nuestro límite nos mantendrá con la vista puesta en el futuro. El presente sirve para entender de qué somos capaces, en especial cuando ponemos todo en perspectiva y tenemos en cuenta el punto de partida. Sin embargo, no tienes por qué dejar las cosas allí.

Kroc no pensó que McDonald's sería la primera compañía de comida rápida en cotizar en la Bolsa de Valores, pero estaba preparado para ver este resultado porque nunca les dio la espalda a sus posibilidades de crecer.

La presencia de esta cadena de comida rápida en el mundo entero explica la magnitud de lo que es posible hacer cuando trabajamos con ímpetu y convicción.

Puede parecerte un tema de suerte, y puede que algo de eso haga falta, pero el propio Kroc muestra su punto de vista al respecto con la siguiente frase: «La suerte es un dividendo del sudor. Cuanto más sudes, más suerte tendrás». No puedes sentarte a esperar que la suerte te sonría, tienes que salir a por ella.

DEVUELVE A LA SOCIEDAD PARTE DE LO RECIBIDO

Las ventajas de retribuir a la comunidad con parte de lo que has logrado con tus acciones se traduce en bienestar emocional y personal. Cuando comprendemos la importancia de involucrarnos con los problemas de los demás, entendemos mejor cómo funciona el mundo y qué podemos hacer para marcar una diferencia significativa.

Ray Kroc no se mantuvo indiferente ante las situaciones problemáticas que vivían sus contemporáneos. Creó una fundación que se dedicó a trabajar en acciones humanitarias alrededor del mundo, así como la casa Ronald McDonald, en la que se ofrece tratamiento médico a niños y alojamiento para sus padres y así garantizar que puedan estar cerca de sus hijos y cuidar de ellos.

Adicionalmente, su tercera esposa y heredera de toda su fortuna ha continuado las labores filantrópicas de su marido, trabajando por diferentes causas benéficas en todo mundo. Joan Kroc ha empleado su herencia de más de 3.000 millones de dólares para contribuir con la lucha contra el sida, la hambruna en Etiopía y el desarme nuclear.

LO MEJOR ESTÁ POR VENIR

Un hombre de edad madura que nunca se dio por vencido es un ejemplo inspirador para cualquier emprendedor novato o experto. Las palabras de Kroc nos explican en qué medida su visión lo mantenía lúcido y atento a las oportunidades: «Yo tenía 52 años, diabetes y una incipiente artritis. Me habían extirpado la vesícula y parte de la glándula tiroides, pero estaba convencido de que lo mejor estaba por llegar».

Que nada te convenza de lo contrario. Lo mejor está siempre por llegar, pero es necesario creerlo para poder ver cómo se convierte en realidad. Y, además de creerlo, debes actuar de tal manera que las oportunidades jamás se escapen de tu alcance.

Para ser *un lobo de los negocios* necesitas creerte capaz de todo, independientemente de tu edad o de tu situación financiera y personal. Puede que la ruta no esté despejada del todo, pero la mejor manera de ver la senda es empezar a recorrerla.

Asumir riesgos, derribar obstáculos y romper algunas reglas en el proceso puede conducirte a alcanzar objetivos que hoy te parecen imposibles.

Nada puede detenernos cuando estamos convencidos de que tenemos un propósito mayor. Los días malos existen, pero la clave está en esperar los días buenos y sacar el mayor partido de ellos. Así es como se ven llegar los mejores resultados. Lo mejor está por venir, solo asegúrate de no quedarte a esperar sentado.

9
Richard Branson
Virgin Group

Un hombre que no conoce límites

Richard Branson es un emprendedor británico con un espíritu que le ha permitido convertirse en un líder que rompe paradigmas en todo lo que decide hacer. El CEO del grupo Virgin, una multinacional con una oferta diversa de productos en todo el planeta, es un hombre con un carácter que le ha posibilitado llevar la creatividad a otro nivel y ser fundador de un movimiento en el que la innovación como herramienta para prestar servicio es la premisa.

La música, la telefonía móvil, la medicina, el transporte aéreo y terrestre, los vuelos espaciales, los trajes de novia e incluso una bebida refrescante son algunos de los negocios con los que Virgin Group es reconocido en más de 35 países en todo el mundo.

Con una personalidad irreverente y competitiva, además de una inagotable fuente de inspiración, Branson es todo un magnate que el año 2008 ya se encontraba en la lista de los 250 hombres más ricos del mundo, según informes de la revista *Forbes*.

El legado de Richard Branson se explica por su excentricidad para los negocios y su capacidad para fomentar un liderazgo horizontal en sus empresas, así como por su filosofía de ser feliz y, en el proceso, hacer feliz a los demás. Insiste en que su mensaje no está centrado en el dinero, sino que se enfoca en perseguir la felicidad.

Este aventurero apasionado con el cuidado del medioambiente participa en actividades filantrópicas con las que promueve el cuidado de las personas más vulnerables y la recuperación del equilibrio climático en el mundo.

¿QUIÉN ES RICHARD BRANSON?

El 18 de julio del año 1950 nació Richard Charles Nicholas Branson, en la localidad de Stonefield Nursing Home, Blackheath, en el sur de Londres. Su padre fue Edward Branson, que era abogado, y su madre, Evette Branson, quien se desempeñaba como asistente de vuelo. Richard tuvo dos hermanas menores: Lindy y Vanessa. Además, su abuelo, Sir George Arthur Harwin Branson, era juez del Tribunal Superior de Justicia en su país.

Se casó en 1972 con Kristen Tomassi Branson, con quien permaneció hasta 1976. En 1989 se unió a su actual esposa Joan Templeman Branson, con quien tuvo tres hijos: Clare Sarah, que falleció poco después de nacer, Holly y Sam.

Richard siempre tuvo intenciones de llegar muy lejos y sus habilidades para el emprendimiento se dejaron ver desde corta edad.

Aunque no obtenía resultados académicos satisfactorios, como consecuencia de su dislexia, a los 16 años abandonó la escuela para enfocarse en sus negocios. Este es quizás uno de los aspectos más destacables de sus primeros pasos. La condición que le dificultaba rendir apropiadamente en sus estudios jamás detuvo el impulso que convertiría a Richard Branson en el empresario disruptivo que ahora conocemos.

EDÚCATE TODOS LOS DÍAS

Aunque Branson sufría de dislexia y comprendió muy temprano que su desempeño en la escuela no le permitiría alcanzar sus objetivos tan rápido como esperaba, jamás abandonó la idea de aprender sobre todo lo que le pareciera interesante.

El joven Richard Branson pudo educarse y completó su formación en la Scaitcliffe School y en la Cliff View House School de Sussex, para después asistir a la escuela independiente Stowe School. Fuera de las aulas Richard logró identificar múltiples oportunidades de aprendizaje.

Una de las frases más conocidas de este emprendedor y conferenciante es: «La educación no solo está en las aulas y en las universidades; se puede aprender en todas partes, cada día y de cada persona».

Su perspectiva le permitió ver «la vida como un largo proceso de aprendizaje», a través del que se nutría de ideas, oportunidades y sueños nuevos, el caldo de cultivo perfecto para la incubación del espíritu creativo e innovador que, con el tiempo, se tornaría insaciable, al punto de transformarlo en un icono del emprendimiento a nivel global.

Aprender es una actividad innata en el ser humano, pero cuando algo nos apasiona, este proceso se acelera vertiginosamente. Somos capaces de aprender de manera especial sobre aquello que nos resulta interesante, por eso es necesario descubrir el motivo que nos hace levantarnos a diario, identificar qué nos entusiasma e ir tras ello.

REINVENTARSE
COMO ESTRATEGIA DE VIDA

Un emprendedor tan poco convencional como Richard Branson tiene la habilidad de poner todo el mundo de los negocios en perspectiva. No es común que un solo hombre sea capaz de crear de manera exitosa más de 400 empresas, considerando que muchas se encuentran en áreas muy diferentes.

Aunque otros inversores y empresarios han logrado fortunas mayores a las de Branson en sectores muy específicos, la diversificación es la carta de presentación de nuestro protagonista. Siempre ha sido capaz de superar obstáculos para reinventarse y salir adelante, pero más allá de ello, su visión le ha permitido explorar territorios con los que tenía poca o ninguna experiencia.

En este contexto, entendemos que su vida es ejemplo de que no necesitamos limitarnos. Nuestro radio de acción tendrá las dimensiones que nuestro propósito defina. Si exploramos oportunidades que pueden parecernos irracionales, raras o difíciles de llevar a cabo, tal vez estamos frente a una oportunidad para innovar.

En una entrevista, Branson afirmó que la pregunta más importante que debe hacerse todo inversor es: «¿Y si...?», haciendo referencia a la necesidad de animarse a dudar, a replantearse viejas estrategias y proponer un abordaje diferente a situaciones que siempre parecen hacerse de la misma manera. Todo esto con la vista puesta en generar un bien mayor.

La vocación emprendedora de Branson le viene desde pequeño. A sus 16 años publicó una revista llamada *Student*, en 1972 abrió la cadena de discos Virgin Records y en los años 80 nació Virgin Atlantic Airways. Sin embargo, ninguna de estas experiencias de éxito logró que este hombre se detuviera.

Ciertamente, el fracaso jamás lo detuvo, pero la verdad es que sus triunfos tampoco lo hicieron. Richard jamás dejó de soñar y el éxito alcanzado, lejos de satisfacer su instinto creativo, le impulsó a seguir innovando, a seguir su espíritu aventurero y a volcar su energía en descubrir la manera de hacer las cosas mejor, siempre diferentes.

TEN UN EQUIPO CONFIABLE Y TRABAJA POR ELLOS

Pensar en los demás es una premisa importante y que ha marcado una diferencia significativa en el éxito empresarial de Richard Branson. Rodearse de buenas personas y trabajar para hacerles bien es una filosofía de vida muy poderosa.

Branson afirmó en alguna de sus conferencias que «no puedes hacer un buen negocio con una mala persona. Encuentra a la gente adecuada para trabajar y nada podrá salir mal», lo que evidencia la importancia que le otorga a sus compañeros y al papel que juegan en todo lo que desea hacer.

Las personas que te acompañan en el trabajo de hacer realidad tus metas y cumplir tus propósitos deben estar en tu misma sintonía. Además de las cosas que parecen obvias, como la formación profesional y el dominio de ciertas competencias específicas para la tarea a realizar, cada uno de los miembros de una organización debe estar comprometido con la filosofía y con los objetivos de la empresa.

Lo que Branson ha hecho como líder de Virgin Group tiene que ver con reconocer el valor de las personas por lo que pueden aportar y por lo que son como seres humanos, más allá de ese desempeño profesional, al que no resta importancia.

Confiar en tu equipo te facilita delegar en ellos funciones importantes que pueden abrir espacios para que tú te ocupes de otras cuestiones de mayor interés. De hecho, este es uno de los consejos que Richard repite en sus conferencias: «Delega: desde muy joven aprendí a delegar. Muchos son malos en esto, pero estando fuera se pueden pensar cosas nuevas».

Para delegar con confianza debes estar seguro de la idoneidad de las personas que están en tu oficina y en sus habilidades para resolver situaciones cotidianas e imprevistas. Sin embargo, estos niveles de tranquilidad se logran cuando tienes la certeza de que trabajas con seres humanos calificados profesional, ética y emocionalmente para acompañarte en este proceso de crecimiento que es la construcción de una empresa.

Cuando logras rodearte de personas con estas características todo funciona. Teniendo esto en cuenta, Richard Branson ha tenido la habilidad de desarrollar una multinacional en la que se practica una filosofía centrada en la felicidad de todos y para todos.

LA FELICIDAD COMO FILOSOFÍA EMPRESARIAL Y EN LA VIDA

Llevar un estilo de vida enfocado en la felicidad personal y en la de los demás es, sin duda, una idea inspiradora. Richard Branson ha logrado motivar a emprendedores noveles y expertos a través de sus discursos centrados en esta idea.

En sus conferencias emplea argumentos como «preocúpate por la felicidad, una empresa es solo un grupo de personas. Debe ser gente feliz, guiada por un líder feliz al que le importen las personas. Cuando se destruye la moral es muy difícil construirla de nuevo».

Estas afirmaciones tienen que ver con el hecho de que las organizaciones están conformadas por seres humanos, quienes son los responsables de hacer que las cosas se lleven a cabo de la mejor manera. Si estas personas son felices, trabajan en un entorno de cordialidad y se sienten valoradas, contarás con un ejército de soldados que se ocuparán de proteger a la empresa y garantizar que todo funcione bien.

Si este escenario es posible, puedes contar con el éxito empresarial, pues este estado de ánimo de los empleados es percibido fácilmente por el cliente, que, como consecuencia, también se sentirá bien atendido y será muy feliz.

Branson ha cuestionado reiteradamente el concepto de jefe y suele proponer trabajar con la visión de un líder que se aproxime a los empleados y conozca qué piensan y cómo se sienten trabajando en la organización. Si este canal de comunicación se mantiene abierto, es fácil acceder de primera mano a una fuente de información que posibilita descubrir cómo hacer más felices a los miembros de la organización, pero, además, puede significar un excelente punto para contar con ideas innovadoras en cuanto al funcionamiento del negocio y la forma de optimizarlo.

El compromiso de los empleados con la organización ocurre cuando estos trabajan en un ambiente de alegría, cordialidad y horizontalidad. Así lo podemos interpretar de las palabras de Richard: «Si cuidas bien de tus empleados, ellos cuidarán bien de tu negocio».

Aunque el dinero es algo que de algún modo todos necesitamos y perseguimos, Branson se ha caracterizado por afirmar que no tenía como meta hacerse millonario, pero sí quería ser feliz y ayudar a otros a ser felices.

Es evidente que el empresario descubrió que el dinero es una herramienta importante para alcanzar estos fines, y cada vez que intentó innovar y crear, también pensaba en triunfar y obtener más recursos para continuar su propósito.

Como consecuencia, lo verdaderamente importante no es el dinero en sí mismo, sino lo que podemos generar con él y la cantidad de personas que pueden beneficiarse.

Richard Branson defiende la idea de que la vida debe vivirse completa, como viene, es por eso que hablamos de resiliencia y capacidad para adaptarse a los cambios. Los fracasos, casi tanto como los triunfos, son grandes maestros, por lo que debemos estar preparados para sufrirlos y descubrir lo que enseñan.

Si estás preparado para empezar otra vez después de cada situación sobrevenida, has aprendido todo en la vida. Nada es para tanto, siempre hay una oportunidad para hacerlo mejor, así que los resultados deben ser vistos como lo que son: la culminación de una etapa que abre una ruta de ascenso, en caso de que sean positivos, o que nos enseña el camino equivocado, en caso de no sean los mejores.

Branson lo ve así: «Ten sentido del humor. Las empresas se toman muy en serio a veces y está bien, pero también es bueno divertirse un poco». El éxito siempre está ahí, detrás de cada experiencia que lograste descifrar y de la que lograste aprender, pero el fracaso también es una posibilidad, así que es importante aceptarlo y descubrir cómo evitarlo en el futuro.

TRABAJA POR UN BIEN SUPERIOR

Cuando buscamos un bien superior, el éxito siempre es visible, porque estamos convencidos de estar en el camino correcto y nos sentimos en conexión con un propósito que es fuerte y supera incluso cada fracaso.

Si lo que nos mueve en la vida es la idea de elevar la condición humana, generar el bien a la mayor cantidad de personas posible y hacer un cambio significativo en el mundo, vamos por buen camino, porque el bien superior es nuestro propósito.

Nuestra huella en el mundo es importante, pero con frecuencia lo transitamos sin ser conscientes de ella. Cada persona con la que nos cruzamos es marcada de alguna manera por nosotros y algunas veces podemos dejar una señal significativa.

Asegurarnos de que esa impronta sea positiva es nuestro mejor legado. Si este propósito superior nos acompaña en la vida cotidiana, cualquier idea de negocio estará llena de ideas con las que se pueda beneficiar al cliente, un propósito que, sin duda, supera la idea básica de obtener un beneficio económico.

Lo mismo ocurre con las personas que nos rodean. Si somos capaces de vivir con un estilo de vida en el que la felicidad es importante, la resiliencia está presente y logramos que todos se sientan mejor con nuestra presencia, nuestra huella será más positiva y significativamente más poderosa.

AYUDA A LOS DEMÁS

Lograr el bien mayor es una filosofía que nos permite ayudar a nuestros amigos, a quienes nos rodean, pero también a personas desconocidas. Las actividades filantrópicas de Richard Branson son muy diversas. Algunas de las más conocidas se caracterizan por contribuir en mejorar la calidad de vida de enfermos a través de la creación de clínicas.

Sin embargo, este empresario usa su creatividad para innovar incluso en las formas de ayudar a los demás. De hecho, se ha interesado en establecer iniciativas para crear un grupo que pueda intervenir en conflictos internacionales de manera pacífica, como hicieron personalidades como Kofi Annan, Desmond Tutu, Jimmy Carter y Nelson Mandela.

En el año 2004, Branson y su equipo crearon Virgin Unite, una fundación sin ánimos de lucro que aborda problemas sociales y ambientales. No obstante, la manera en la que este hombre enfoca sus esfuerzos es a través del emprendimiento. El cambio climático, según sus propias afirmaciones, es la amenaza número uno para el planeta, pero es también una oportunidad para la innovación. De este modo, a través de esta fundación se presta apoyo a la creación y perfeccionamiento de tecnologías que permitan revertir el daño causado al planeta.

Una vez más, pensar en un bien mayor nos facilita abarcar más de lo previsto e influir positivamente en las personas, pero también en el planeta.

No es necesario aportar grandes sumas de dinero para apoyar causas que nos apasionen. Solo es necesario descubrir cuál es nuestro radio de acción y emplearlo para influir positivamente en los demás y en generar el cambio que queremos.

La mayoría de las veces, nuestro tiempo es el capital más valioso con el que podemos contribuir para hacer que ocurran cosas diferentes y mejorar nuestro entorno. Solo es necesario comenzar. Los primeros pasos son cortos, las personas en las que podemos influir son las que están más cerca, pero el esfuerzo continuo y sostenido nos hará llegar cada vez más lejos en la causa que nos interesa. Ayudar a los demás es muy fácil si nos apasiona hacerlo con alegría.

UN HOMBRE QUE NO CONOCE LÍMITES

Una de las facetas más inspiradoras de Richard Branson es que su carácter le ha permitido mostrarse tal cual es. No es un millonario común, es un hombre irreverente, espontáneo, que habla de ser feliz, y así se muestra.

Su espíritu aventurero no solo le ha llevado a participar en un muy diverso abanico de negocios a través de su vida, sino que le ha impulsado a arriesgarse y a confiar en sus instintos.

El éxito en los negocios no mermó su pasión por lo desconocido, es más, le impulsó a desafiar sus propios temores, exponiéndose a diferentes desafíos. Es así como logró hacer la travesía más rápida del Océano Atlántico, participó en una serie de viajes en globo oceánico y se convirtió en el hombre más longevo en hacer *kitesurf* a través del Canal de la Mancha, por mencionar algunos de sus logros en los deportes. Además, la aventura que más le apasiona es el viaje a través del espacio y para ello creó Virgin Galactic, la primera línea espacial comercial del mundo.

Richard Branson es un hombre que no conoce límites, pues siempre ha estado abierto a todas las posibilidades. Esto le convirtió en un emprendedor que ha roto esquemas desde que comenzó a hacer negocios.

Gracias a su pensamiento disruptivo, es capaz de deconstruir lo que existe e imaginar otras maneras de hacerlo nuevamente, todas diferentes. Mejorar continuamente, pensar en qué pasa si cambiamos algo, es una forma de actuar que forma parte de su vida cotidiana y le ayudó a involucrarse con múltiples oportunidades de negocios que con el tiempo se han consolidado como empresas sólidas.

La filosofía de Branson, centrada en la felicidad personal y en hacer el bien a los demás, es un valioso legado para emprendedores nuevos y expertos. Si tu empresa mejora significativamente la vida de sus empleados y sus clientes, tendrá éxito. Esta es la columna vertebral de su enfoque empresarial, pero también constituye un inspirador estilo de vida que nos llevará a descubrir la felicidad a diario, con cada pequeño acto y con cada gran esfuerzo por ayudar a los demás.

10
Jeff Bezos
Amazon

El rey del *e-commerce*

Jeff Bezos es uno de los hombres más ricos y poderosos del mundo, famoso por ser el creador de Amazon, la empresa de ventas en línea más grande del planeta. Considerado un magnate de los negocios, este emprendedor se ha caracterizado por asumir riesgos y mantener la vista enfocada en sus objetivos a través del tiempo.

Además de ser el fundador de Amazon.com, Bezos es un hombre con ambiciones que, literalmente, lo ubican fuera de este mundo, toda vez que su pasión por la tecnología lo llevó a emprender un viaje hacia el espacio a bordo de su propio cohete, en el que considera fue el mejor día de su vida.

Este hombre de negocios es un líder que ha inspirado a jóvenes emprendedores desde que su nombre comenzó a escucharse y es una referencia para quienes se abren paso en el mundo empresarial, gracias a su espíritu arriesgado e innovador.

El accionista mayoritario de Amazon.com, del periódico *The Washington Post* y de la compañía aeroespacial Blue Origin fue el hombre más rico del mundo entre los años 2017 y 2021, y en 2023 ocupa el tercer lugar de la misma lista, con un patrimonio neto que asciende a 160 mil millones de dólares.

Este empresario tecnológico, astronauta y proveedor de productos y servicios aeroespaciales es un hombre que marcó un hito imborrable en la historia corporativa y financiera mundial. Hasta la fecha, continúa su incansable esfuerzo por innovar y desde 2021 se ha dedicado a participar en actividades filantrópicas que le permitan devolver a la sociedad parte de su éxito, en forma de ayuda a los demás.

Su forma de pensar y estilo de liderazgo le han convertido en un personaje de referencia, no solo por sus logros como empresario, sino por su inspirador mensaje.

NACE EL REY DEL *E-COMMERCE*

Su nombre completo es Jeffrey Preston Bezos y nació el 12 de enero de 1964 en Albuquerque, Nuevo México, Estados Unidos.

Es el hijo biológico de Jacklyn Gise e hijo adoptivo de Miguel Bezos, un hombre de origen cubano que se casó con la madre de Jeff cuando este tenía cuatro años. De su padre biológico no se tienen más datos, pero se sabe que su nombre es Ted Jorgensen. Además, Jeff tiene dos hermanos menores llamados Mark y Cristina.

Se casó con MacKenzie Tuttle, con quien tuvo cuatro hijos, tres varones y una hija adoptada de China. Después de 25 años de matrimonio la pareja se divorció en el año 2019.

En la actualidad, mantiene una relación de pareja con la reportera y presentadora de televisión Lauren Sánchez.

TU FAMILIA PUEDE SER EL CIMIENTO PARA GRANDES COSAS

La familia ocupa un lugar muy importante en la vida de Bezos y siempre ha afirmado que su fortuna les pertenece a ellos. De hecho, el capital inicial para fundar Cadabra, la primera versión de Amazon, fue proporcionado por sus padres. Este es un aspecto que el empresario siempre ha puesto en valor, destacando su infinito agradecimiento a su familia.

Parte del éxito de Jeff Bezos se debe al soporte de su familia. No solo por el apoyo económico recibido por parte de sus padres y por la confianza que depositaron en sus ideas, sino también por la presencia de MacKenzie, su esposa en aquella época y socia incondicional en la más arriesgada idea de sus vidas.

La ex esposa de Jeff Bezos fue un pilar fundamental en la creación de Amazon. No solo por la confianza que depositó en su esposo en aquel momento, sino por mostrarse dispuesta a dejar su propio empleo y trabajar en una innovadora idea que, en aquel momento, suponía serios riesgos financieros para su familia.

Bezos ha repetido en varias ocasiones la siguiente idea: «La vida es demasiado corta como para rodearse de gente que no es ingeniosa», y él descubrió la importancia de ello precisamente al contar con una pareja que tenía la necesaria mentalidad abierta para apoyar su plan de crear Cadabra y, finalmente, Amazon.com.

Las bases para conformar cualquier empresa siempre son las personas más cercanas. Cuando las cosas en casa suceden en un clima de cordialidad, los resultados tienen mayores probabilidades de ser óptimos. Contar con el apoyo y la participación de nuestros seres queridos siempre constituye un punto a nuestro favor. Debemos estar listos para reconocerlo y aprovechar este empuje.

LA EDUCACIÓN ES UNA HERRAMIENTA INVALUABLE

Jeff Bezos tuvo una buena educación. Aunque tuvo que mudarse varias veces por el trabajo de su padre, logró formarse en el River Oaks Elementary, en Houston, y en la Palmetto Senior High School. Finalmente, en 1986 obtuvo su título en Ciencias de la Computación e Ingeniería Electrónica en la Universidad de Princeton, con la mención honorífica *cum laude*.

Su excelente desempeño en estos centros de estudio y los buenos resultados que obtuvo le hicieron contemplar la posibilidad de hacer grandes cosas. Cuando cuentas con una buena formación también puedes ampliar tu mundo. Conocer información de primera mano te prepara para el futuro.

Tanto si estudias una carrera como si te dedicas a emprender, la formación que recibes te califica para aprovechar las oportunidades, para ver más allá de lo evidente y para anticipar buenos negocios donde otros no verían nada.

SIGUE TU INSTINTO Y LLEGARÁS LEJOS

Si algo define el legado de Jeff Bezos es su habilidad para identificar oportunidades que pueden pasar completamente inadvertidas para otros. Este poder es muy ventajoso, a pesar de que, con frecuencia, nos sentimos tan cómodos con nuestra situación que no somos capaces de imaginar que las cosas puedan estar mejor.

Aunque Bezos tuvo una carrera extraordinaria como programador informático, no dudó en convertirse en analista financiero para una firma en Wall Street. Sin embargo, a pesar de que contaba con este magnífico empleo, su instinto le condujo a abandonarlo también y a embarcarse en una arriesgada idea que consistía en crear una librería digital, cuando internet todavía era desconocido para la mayoría.

Una de sus frases más famosas reza: «Lo peligroso es no evolucionar», y nos ofrece una idea sobre cuál es la visión de Jeff sobre las oportunidades que presenta la vida. En momentos en los que el miedo puede paralizarnos, es necesario detenernos a pensar en las probabilidades de éxito y asumir riesgos.

La necesidad de innovar es un potente combustible para encender la llama del emprendimiento. Confiar en ideas que parecen complicadas de realizar es muy difícil, pues es necesario asumir riesgos importantes, pero tu instinto puede guiarte por el camino correcto. Atrévete a seguirlo.

ASUME RIESGOS Y NO TE ARREPIENTAS

Jeff Bezos recomienda «minimizar el arrepentimiento» como herramienta para asumir la innovación como estrategia de crecimiento en la vida. Para ello, nos anima a enfocarnos en el futuro y pensar a largo plazo, de modo que no nos preocupemos por ver resultados inmediatos, sino por trabajar duro en el proceso.

Esperar beneficios inmediatos es un mal común en el mundo de los negocios y no debe sorprendernos, pero debemos estar atentos para alejarnos de esta actitud. Es natural tener expectativas y sentir ansiedad por recuperar el dinero y el tiempo invertidos. Sin embargo, esta actitud puede resultar desgastante y jugarnos una mala pasada.

Si emprendes pensando en obtener ganancias a corto plazo estás dejando de lado la objetividad que necesitas para tomar decisiones importantes. Si las cosas se complican puede que necesites reinvertir tus dividendos o encontrar más financiación, cosa que no implica que estés perdiendo, sino que indica que el negocio requiere un poco más de tiempo para fortalecerse.

En este contexto, si te encuentras cansado como consecuencia de la ansiedad y el estrés que te genera esperar ganancias, no verás con claridad el estatus de tu empresa y puedes sentirte tentado a abandonar tus esfuerzos.

El arrepentimiento no puede tener espacio en la mente de un emprendedor, así que debes trabajar en tu visión a largo plazo y evitar a toda costa desviarte de tu camino. Los ajustes son necesarios, así que debes abrirte a ellos; no obstante, si tu meta es clara, tu determinación será más fuerte.

Bezos contaba con una visión clara de lo que quería lograr con Amazon.com, por lo que se mantuvo abierto a probar cosas nuevas, a asumir fracasos, a hacer ajustes y a seguir adelante. Pero abandonar jamás fue una opción.

UN LIDERAZGO CENTRADO EN EL CLIENTE

Tener una visión de negocio nos ayuda a desarrollar una filosofía empresarial clara. Esta es una idea muy poderosa que Jeff Bezos puso en práctica en Amazon, pues desde siempre manifestó que su modelo de negocio se cimentaba en la premisa de crear «un mundo centrado en el cliente».

Cuando Bezos decidió ampliar la gama de productos disponibles y que su empresa ofreciera más que libros, pensó en lograr que las personas compraran en línea todo aquello que pudieran desear. Este es el motivo por el que Amazon cuenta con tal diversidad de productos a la venta.

Cuando piensas en el cliente como el centro de todo, tienes el compromiso de innovar para satisfacer todas sus demandas, pero también descubres que debes ofrecerle una experiencia agradable. Este aspecto marcó un punto de inflexión en el negocio de Bezos y es uno de los aspectos más destacables de su filosofía empresarial.

Ofrecer todo lo que el cliente puede desear es un compromiso enorme, pues supone la tarea de anticipar sus necesidades, por lo que debes estudiar su comportamiento e innovar constantemente.

No obstante, Bezos siempre se adelantó a los hechos y se enfocó en la necesidad de que los clientes disfrutaran del proceso de comprar sus productos en Amazon. En muchas de sus conferencias ha afirmado que «si construyes una gran experiencia, los clientes lo recomendarán a otros. El boca a boca es muy poderoso».

Este enfoque se tradujo en un modelo de liderazgo en el que Bezos coloca el trabajo con el cliente como la columna vertebral de la organización, lo que tal vez sea lo que define su marca.

El propio Jeff Bezos lo aclara al afirmar que la razón del éxito de Amazon se basa en tres grandes ideas que siempre le han acompañado: poner al consumidor en primer lugar, inventar y tener paciencia.

Pensar en el cliente es un recurso tradicional que ha dado buenos resultados desde siempre. Sin embargo, crear una experiencia tan satisfactoria para el cliente que cree valor en nuestros productos es un abordaje más contemporáneo que Jeff Bezos ha llevado a otro nivel al implementarlo en Amazon.

La combinación entre elementos que ya conocemos con estrategias innovadoras es una estrategia ganadora. Trabajar en función de la satisfacción del cliente puede ser un objetivo que todo empresario ha considerado, pero tenerlo como filosofía de trabajo significa que toda la organización conoce y mantiene este compromiso.

En la era digital, la inmediatez con la que las cosas se dan a conocer es vertiginosa, y esto es un arma de doble filo. Del mismo modo que tus clientes pueden hablar bien de ti para recomendar tu producto, pueden destruirte con comentarios negativos. Además, el alcance que ofrece internet es ilimitado, por lo que contar con un cliente satisfecho es, a todas luces, una prioridad.

«ES MÁS DIFÍCIL SER AMABLE QUE INTELIGENTE»

Esta frase de Jeff Bezos nos recuerda que, aunque seamos inteligentes y por ello podamos ser creativos, innovadores y tener éxito en la vida, no debemos olvidar que vivimos en un mundo que compartimos con otros seres humanos.

Ser amable puede llegar a ser difícil en los negocios, pero debemos obligarnos a serlo si comprendemos que la vida es cíclica y siempre necesitaremos una mano amiga.

Tomar la decisión de ser amables con los demás nos convierte en personas capaces de distinguir colores que antes nos eran imperceptibles. Todos somos diferentes y, aunque habitamos el mismo planeta, contamos con oportunidades distintas.

En este escenario, retribuir a los demás de manera desinteresada es de las mejores formas que existen para ser amables con otras personas.

Jeff Bezos ha prometido donar la mayor parte de su fortuna. Aunque no ha definido cómo lo hará, hace tiempo que participa en actividades filantrópicas que incluyen el donativo de 10.000 millones de dólares para combatir el cambio climático como parte de su iniciativa Bezos Earth Fund.

Adicionalmente, el empresario donó 100 millones a bancos de alimentos a través de Feeding America durante la pandemia de la COVID-19, entre muchas otras actividades relacionadas con la ayuda de personas vulnerables.

El uso de nuestros recursos para favorecer a los demás tiene más que ver con lo que somos que con lo que tenemos. Así, contar o no con recursos para hacer donativos a organizaciones benéficas no es lo más importante, pero contar con la sensibilidad y la amabilidad para pensar en los demás, tener empatía y manifestarse en consecuencia son los ingredientes que se necesitan para hacer una diferencia en el mundo.

EL REY DEL *E-COMMERCE* NO LE TEMÍA AL FRACASO

Aceptar el fracaso como una posibilidad marcó la diferencia que llevó a Jeff Bezos a convertirse en el rey del comercio en línea. Un hombre que no necesita un nuevo empleo, que no está en quiebra y que no pasa por una situación financiera difícil, suele ser un ser humano apegado a su zona de confort, pero por agradable que resulte este lugar, la evidencia indica que siempre puede existir uno mejor.

La comodidad puede ser una mala consejera, pues nos hace sentir conformes con lo que tenemos, anestesiando nuestro espíritu innovador. Claro que debemos celebrar nuestros logros, disfrutar el entorno de tranquilidad que tenemos y agradecer por la vida que llevamos. Sin embargo, ten la habilidad de descubrir si aún te faltan peldaños por subir. Tal vez tu visión y tu misión todavía no están completas y esa idea creativa que ronda tu mente puede ser la catapulta para llegar a otro nivel.

11
Bill Gates
Microsoft

Un líder que empodera a los demás

La inspiradora historia de Bill Gates, el fundador de Microsoft, nos enseña que las oportunidades se presentan a diario, pero tenemos que estar preparados para verlas y aprovecharlas.

Cuando era un joven informático, Gates y su amigo Paul Allen fundaron Microsoft, empresa que nació como desarrolladora de lenguajes de programación, pero en poco tiempo se dedicó a la diversificación de *software*, produciendo sistemas operativos y diversas aplicaciones.

Bill Gates detectó la oportunidad que se presentaba y compró un sistema operativo que llamó MS-DOS, una versión primigenia de lo que sería el Windows en las versiones que hoy conocemos.

Sus habilidades como desarrollador, inversor, autor y filántropo le han convertido en un hombre muy poderoso, cuyo patrimonio en el año 2023 se estima en 129 mil millones de dólares, según la revista *Forbes*.

Tal vez una de las características más llamativas de Gates es que a sus 31 años era multimillonario, por lo que ha sido una referencia para multitudes. Su experiencia como presidente, director ejecutivo y arquitecto jefe de *software* en Microsoft le acredita como una voz confiable cuando se trata de tecnología y emprendimiento.

Su ascenso precoz y su pericia para crecer en los negocios le han permitido cosechar un valioso legado, gracias a su contribución a la popularización del uso de la informática a nivel personal. Su visión ayudó a alcanzar el nivel de inmersión en la tecnología que tienen nuestros hogares en la actualidad.

EL NACIMIENTO
DE UN EMPRENDEDOR
PRECOZ Y AGUERRIDO

Su nombre completo es William Henry Gates III y nació en Seattle, Washington, el 28 de octubre de 1955. Su padre, William H. Gates Sr., fue socio de una poderosa firma de abogados, y su madre, Mary Gates, era profesora de la Universidad de Washington, además de ser parte de la junta directiva del First Interstate BancSystem y del United Way. Era el hermano de Kristianne y Libby Gates.

En el año 1994 contrajo matrimonio con Melinda French, con quien tuvo tres hijos, Jennifer Katharine, Rory John y Phoebe Adele.

Aunque Bill y Melinda se divorciaron después de 27 años de matrimonio, ambos trabajaron de forma asociada para el crecimiento de Microsoft y hasta la fecha se mantienen a la cabeza de la organización Bill y Melinda Gates, dedicada a las acciones benéficas y a la filantropía en general.

La familia de Gates fue un pilar importante en su ascenso y mantenimiento al frente de Microsoft. Su madre siempre le apoyó activamente en las actividades de la empresa y actuaba como enlace para crear relaciones estratégicas.

El soporte de las personas más cercanas es un ingrediente clave a la hora de hacer negocios. Si contamos con el apoyo de quienes nos acompañan, somos capaces de llegar más lejos en nuestra ruta hacia el éxito. Además, saber aprovechar el valor de los miembros de la familia y el aporte que pueden hacer es un verdadero acto de inteligencia.

LA EDUCACIÓN SÍ PUEDE HACER
UNA DIFERENCIA

Bill Gates asistió a buenas escuelas y después a la prestigiosa Universidad de Harvard. Su formación le permitió adquirir información de primera mano, que le ayudó a encaminar su interés por la tecnología y la innovación.

Mientras estudiaba en la escuela privada de Lakeside, en Seattle, el Club de Madres se organizó para destinar recursos a la compra de un ordenador para la institución. Este detalle condujo a que el pequeño Gates tuviera contacto con este equipo y desarrollara su entusiasmo por la informática.

En esta escuela, Bill dio sus primeros pasos como programador, realizó una aplicación que permitía a los usuarios jugar contra el ordenador y vendió un *software* que consistía en un calendario para la escuela. El tiempo invertido en aprender sobre computación derivó en el desarrollo del espíritu del entonces pequeño emprendedor. Pero este proceso nunca se detuvo.

Muchas personas resaltan el hecho de que Bill Gates abandonó sus estudios en Harvard para demostrar que para él *no* fue necesario estudiar para tener éxito. No obstante, es indudable que la calidad de la educación recibida por este creativo y brillante niño marcó una diferencia muy significativa y en gran medida definió su futuro.

Asistir a una institución educativa en la que los niños son retados y expuestos a información actualizada contribuye a su desarrollo, estimula su creatividad y los impulsa a investigar para comprender mejor el mundo en el que viven.

Evidentemente, es necesario contar con una personalidad abierta a aprender, pero contar con un espacio en el que la ciencia y la tecnología están al alcance de la mano de los más pequeños es un terreno fértil para el crecimiento de futuros innovadores.

La alfabetización en materia de ciencia y tecnología hace que nuestros niños y jóvenes desarrollen sus habilidades y se enfoquen en aplicar conocimientos en la resolución de problemas. En este proceso, la ciencia avanza y la calidad de vida mejora.

El espíritu emprendedor de Bill Gates salió a la luz gracias a que mantuvo un contacto temprano con la tecnología. Su interés por comprender cómo funcionaba un ordenador y su precocidad para aprender los fundamentos de la programación le hicieron estar preparado ante las oportunidades que se avecinaban.

APROVECHA LAS OPORTUNIDADES CUANDO SE PRESENTAN

El nacimiento de Microsoft ocurrió en el año 1975. Bill Gates se unió a su amigo de la infancia y compañero de clases Paul Allen para dedicarse a la creación de lenguajes de programación. Dos años después, Gates abandonó la universidad para dedicarse completamente a la empresa, convencido de que estaba frente a un negocio en pleno crecimiento. Su instinto le decía que mantenerse en Harvard solo le restaría horas valiosas para dedicarse a lo que le apasionaba, así que decidió hacerle caso.

La intuición de Bill Gates le permitió observar de cerca la carrera de grandes empresas como IBM y Apple en pos de la creación del primer ordenador personal y comprendió que sería necesario contar con un lenguaje de programación apropiado.

La introducción del sistema operativo MS-DOS en los ordenadores personales de IBM y otros fabricantes de PC marcó el punto de partida para la era de crecimiento de Microsoft como proveedor de este tipo de tecnología.

Aunque la mayoría de las grandes empresas estaban enfocadas en proporcionar a las personas el *hardware* perfecto, Gates comprendió que esos equipos necesitarían un sistema operativo para funcionar y mejorar con el tiempo.

De este modo, supo anticiparse y adquirir los derechos sobre el *software*, asegurándose de que los nuevos PC funcionaran con su sistema operativo. Además, las aplicaciones y mejoras incorporadas a los PC también corrían sobre el MS-DOS, la versión primitiva del Windows que conocemos hoy día.

Contar con un buen instinto para los negocios no es suficiente si no estamos dispuestos a sacar provecho de las oportunidades que se presentan. Hace falta conocimiento, creatividad y valor para hacer caso de las ideas que se nos ocurren y ponerlas en práctica. No obstante, cuando nos sentimos seguros de que estamos en lo cierto, no hay nada que nos detenga.

Pueden aparecer algunas voces en el entorno que intentan desanimarnos. Sin embargo, si la visión está clara, no es momento para detenerse, a menos que sea para tomar un impulso mayor.

No hagas caso de críticas y cuestionamientos. A menudo, quienes intentan desacreditarnos solo están irritados por no haber tenido antes la misma idea o no haberse atrevido a llevarla a cabo. Los detractores de Bill Gates han intentado restar valor a sus logros de muchas maneras, pero lo que es evidente es que el espíritu innovador combinado con una ágil mentalidad para los negocios son una receta poderosa para el éxito.

No dejes pasar las oportunidades. Gates afirma que «la información es poder» y su experiencia así lo demuestra. Usa todo lo que sabes para construir el modelo de negocio con el que sueñas.

EMPRENDE CON GENTE INTELIGENTE

Bill Gates comprendió rápidamente que «la clave del éxito en los negocios es detectar hacia dónde va el mundo y llegar ahí primero». Como consecuencia, abandonó todo para dedicarse a una empresa que lo llevaría a anticiparse a los demás y a convertirse en un magnate de la tecnología.

No obstante, su éxito no habría llegado tan pronto de no haber estado rodeado de personas brillantes y con el espíritu emprendedor que le caracterizaba. De hecho, Gates suele decir que es necesario contratar a los mejores empleados para hacer crecer una compañía.

Desde los inicios de Microsoft, con su amigo Paul Allen, Gates desarrolló un modelo de liderazgo enfocado en trabajar con personas talentosas, pero que, además, contaran con características especiales, como entusiasmo y pasión por los retos.

Por más que tu idea de negocio esté clara, necesitas rodearte de personas que sean capaces de realizar los proyectos de forma excelente y dar más de lo esperado. Eso implica, asimismo, que seas un líder inspirador, con el carácter y la personalidad ideales para convencer a tu equipo de que son parte importante de la organización.

Las personas inteligentes también aman ser valoradas, por lo que el proceso de encontrar gente brillante y con talento requiere que sean tratadas con el respeto y la admiración que esperan.

SÉ UN LÍDER QUE ENTUSIASME AL EQUIPO

El crecimiento de Microsoft y el estilo de liderazgo de Bill Gates han estado en sincronía durante su evolución. Esta empresa tuvo un éxito insospechado por su propio creador, pero una vez comprendió lo que estaba viviendo, asumió su experiencia como una herramienta para motivar a otros.

El discurso optimista que le caracteriza ha hecho que la imagen de su empresa se desarrolle como la suya propia, pero además Gates es una figura que transmite entusiasmo a través de sus afirmaciones sobre el desarrollo y el avance de la tecnología.

Desde el principio de Microsoft, Bill Gates contó con innumerables seguidores jóvenes, que escuchaban entusiasmados sus afirmaciones sobre un futuro en el que todos tendríamos un ordenador en casa y acceso ilimitado a la información. Ahora sabemos que sabía lo que decía y reconocemos su aportación al logro del acceso a la tecnología en el mundo entero.

Aún hoy en día, sus libros y sus frases pronunciadas en conferencias y entrevistas sirven para motivar a emprendedores e innovadores tanto noveles como expertos.

No es sencillo dejar marca en las personas que nos escuchan, pero con frecuencia lo logramos al hablar con propiedad y entusiasmo sobre lo que nos apasiona. Para ser un líder que entusiasma a los demás debemos estar seguros de lo que decimos.

Cuando tenemos la convicción de que sabemos algo, nada nos hace dudar. Convencer a otros de lo que hacemos y lograr que nos sigan es un reto, pero es posible si conseguimos inspirarlos.

Descubre qué es lo que te apasiona y apóyate en ello para conseguir que otros sigan tus pasos. No se trata de mover grandes masas, sino de que las personas que están en tu campo de acción se identifiquen con tus ideas y trabajen en pos de ellas como lo harías tú.

Inspirar es hacer que otros deseen ser como tú, así que el compromiso es transformarte en el líder que tu equipo desearía imitar.

EL FRACASO ES UN BUEN MAESTRO

Aunque es difícil de imaginar, el camino de Bill Gates ha estado lleno de fracasos. Sin embargo, su actitud ante ellos se ilustra muy bien en sus propias palabras: «Está bien celebrar el éxito, pero es más importante prestar atención a las lecciones del fracaso».

Aprender de las cosas que no salen bien nos prepara para no cometer los mismos errores, nos permite hacer ajustes que nos acerquen a alcanzar nuestros propósitos y nos ayuda a tener una actitud abierta a todas las situaciones posibles.

El fracaso siempre es una posibilidad, por lo que sería un error esperar que no ocurra. La audacia de un emprendedor o un innovador, e incluso en la vida misma, radica en saber afrontarlo con inteligencia.

Cuando planificamos poner en práctica un proyecto o idea de negocio es cuando más miedo tenemos de fracasar. No obstante, es cuando debemos considerar que, incluso en el peor de los resultados, el aprendizaje será mayor. Decidir intentarlo nuevamente una y otra vez es la verdadera estrategia para el éxito.

AYUDA A EMPODERAR A LOS DEMÁS

Además de inspirar a emprendedores en el mundo entero por los logros de Microsoft, Bill Gates ha desarrollado una larga trayectoria como filántropo, que le ha llevado a convertirse en una persona muy influyente en este aspecto.

La Fundación Bill y Melinda Gates realiza contribuciones en diferentes áreas y se ha convertido en la más grande del mundo, gracias a sus aportaciones para lo que sus creadores han denominado reequilibrio de oportunidades de salud y educación en lugares vulnerables.

Sus contribuciones intentan marcar una diferencia significativa para lograr mejorar la situación de personas con mayores necesidades, garantizando su derecho a la salud y a la educación.

Gates afirmó a finales de los años noventa que «si miramos al siguiente siglo, los líderes serán los que empoderan a otros». Esta es una invitación a mirar a nuestro alrededor y empezar a realizar los cambios necesarios para minimizar los problemas que aquejan a la mayoría de la población en el mundo.

Ya estamos en el siglo XXI y la mayoría de las dificultades que nos agobian como seres humanos son antiguos problemas que no hemos atacado en profundidad.

Empoderar a otros es una filosofía que nos puede ayudar a crear un efecto tal que los resultados sean visibles con el tiempo.

Este proceso de empoderamiento comienza por las personas que tenemos a nuestro alrededor. Nuestra aportación no necesita de una fundación para existir; tenemos en nuestras manos la posibilidad de cambiar más realidades de las que creemos.

Un pequeño gesto puede cambiar vidas. Trabaja para empoderar a los demás y comienza a transformar tu propia vida en la medida en la que ayudas a otros.

12
Reed Hastings
Netflix

Un líder que no sigue reglas

Reed Hastings es un multimillonario emprendedor conocido por ser fundador de Netflix, la empresa de *streaming* más poderosa y con el mayor número de suscriptores en el mundo.

Además de sus logros como empresario y filántropo, tiene un estilo de liderazgo muy particular, que atrae a miles de seguidores y sirve de inspiración tanto a emprendedores que recien se inician en el mundo de los negocios como a expertos.

La historia de Hastings es muy poderosa y nos habla de que las ideas innovadoras pueden aparecer en el momento menos esperado. En su caso, una multa de 40 dólares por devolver de forma fuera de plazo una película alquilada en Blockbuster se transformó en el detonante para crear una forma de entretenimiento por suscripción que cambió nuestra manera de concebir la diversión en casa.

Hasta la fecha, Reed Hastings ha amasado una fortuna de más de 2.700 millones de dólares y se ha desempeñado como presidente ejecutivo de Netflix, además de formar parte de la junta directiva de Facebook y Microsoft.

Este creativo empresario ha sido definido como un filántropo de la educación, pues su interés por lograr la reforma educativa en los Estados Unidos a través de las escuelas autónomas es una idea que ha apoyado y defendido de forma incansable.

LA FAMILIA DE UN LÍDER QUE SE CARACTERIZA POR SU SENCILLEZ

El 8 de octubre de 1960 nació Wilmot Reed Hastings, Jr., tal como fue bautizado por sus padres, en la ciudad de Boston, Massachusetts. Es el hijo de Joan Amory Loomis y Wilmot Reed Hastings, un abogado del Departamento de Salud, Educación y Bienestar durante el gobierno de Richard Nixon.

Se casó con Patricia Ann Quillin en 1991, con quien vive en Santa Cruz, California, junto a sus dos hijos. Su esposa ha estado junto al empresario desde sus inicios en el mundo de los negocios y aunque siempre confió en sus habilidades, jamás imaginó que sus vidas se transformarían de la manera que lo han hecho.

Patricia Hastings es un pilar fundamental en la vida filantrópica de su esposo y es una ferviente colaboradora con diferentes causas benéficas alrededor del mundo.

Hastings se ha caracterizado por disfrutar de una vida tranquila al lado de su familia. Detrás de las actividades financieras y caritativas, intenta tener un estilo de vida sencillo, alejada de los lujos excesivos que podrían llenar su cotidianidad.

El valor de la familia radica fundamentalmente en la posibilidad de estar juntos y compartir tiempo de calidad. Aunque el dinero sigue siendo un elemento clave para contar con una vida estable y tranquila, disfrutar de buena salud y de un entorno familiar agradable pueden ser los verdaderos ingredientes para la felicidad.

LA EDUCACIÓN ES LO MÁS IMPORTANTE

Los intereses filantrópicos de Reed Hastings se han orientado intensamente hacia mejorar la calidad de la educación, precisamente porque el empresario comprende la importancia de lograr una formación integral de todos los individuos.

Hastings tuvo acceso a una excelente educación. Estudió en la escuela de Cambridge y en el Bowdoin College, para, finalmente, obtener una maestría en Ciencias Computacionales en la Universidad de Stanford, aunque había intentado hacer su posgrado en el Instituto Tecnológico de Massachusetts.

Siempre tuvo muy clara la importancia de acceder a la mejor educación, pues valoraba sobremanera contar con información de primera mano, compartir experiencias con personas brillantes y aprender a aprovechar las oportunidades.

La educación puede ser la puerta de entrada para múltiples beneficios, todos relacionados con la posibilidad de dejar una huella en el mundo. Contar con una carrera prominente requiere de talento, pero este se perfecciona a través de la educación.

Cuando las personas cuentan con una educación que los expone a suficientes escenarios creativos, las ideas suelen aparecer con facilidad. Además, el desarrollo de la capacidad de innovación facilita que seamos capaces de implementar soluciones interesantes a problemas de todo tipo, a través del pensamiento divergente y la originalidad.

EL FRACASO PUEDE PREPARARNOS PARA EL ÉXITO

Las oportunidades de trabajo de Hastings no se hicieron esperar, así que se desempeñó exitosamente en empresas asociadas con la tecnología y en el año 1991 fundó su primera compañía, Pure Software.

La nueva creación empresarial se dedicaba a solucionar problemas de *software*, por lo que pretendía ser una herramienta para ingenieros. Su poca experiencia como CEO le hizo sentir limitado e intimidado, pero sin saberlo, se estaba preparando para algo mucho mayor.

En un movimiento que pretendía incrementar las ventas, la empresa de Hastings participó en una operación de fusión que no salió bien, por lo que un año después fue vendida por 750 millones de dólares.

Este revés dejó ganancias nada despreciables, pero marcó un momento en el que Reed tuvo que abandonar su idea inicial, pues no logró los objetivos previstos. Sin embargo, este aparente fracaso es, en realidad, el punto de partida de la oportunidad que cambiaría su vida.

Todas las ideas pueden ser buenas para emprender un negocio y tus conocimientos son un elemento fundamental para ponerlas en práctica. No obstante, por bien preparados que estemos, el fracaso es una posibilidad que siempre está latente.

Los imprevistos pueden generar daños significativos en nuestros planes y obligarnos a abandonar un proyecto bien constituido, pero lo realmente importante es estar preparados para tomar la decisión más apropiada y cambiar de rumbo en el momento correcto.

Reconocer que la idea inicial que concebimos no cumple con nuestras expectativas es un proceso complejo que debemos llevar a cabo con determinación, pero que responde a un largo proceso de reflexión y de consideración de todos los factores, para actuar con la mayor seguridad.

El fracaso puede ser solo una advertencia de que algo mejor está por pasar, así que suele ser el momento oportuno para abrir los ojos y tomar una nueva dirección.

LAS IDEAS DESCABELLADAS PUEDEN CAMBIAR EL MUNDO

Todos tenemos buenas ideas, pero la anécdota que explica la forma en que Reed Hastings tuvo aquella idea que años más tarde se convertiría en la versión de Netflix que conocemos es verdaderamente inspiradora.

Después de recibir una multa de 40$ por olvidar entregar la película *Apolo 13* en uno de los clubes de video de Blockbuster, Hastings se sintió tan enojado que el malestar le llevó a reconsiderar el negocio de alquiler de videos tal como existía.

Se le ocurrió que sería buena idea contar con una suscripción, tal como lo hacía su gimnasio, que le permitía hacer mucho o ningún ejercicio por una cantidad fija de dinero. Este modelo de suscripción mensual le brindaría al cliente la posibilidad de contar con flexibilidad y tiempo de sobra para devolver sus películas, sin tener que pagar por retrasos en la entrega.

Esta creativa idea de suscripción tomó cuerpo el año 1998, cuando Hustings se unió a Marc Randolph y crearon el servicio de alquiler de películas que se enviaban por correo en unos emblemáticos sobres rojos.

El resto es historia. Pero lo sorprendente es que Hustings no estaba buscando entrar en un negocio relacionado con las películas ni nada parecido. Lo que parecía un hecho cotidiano bastante mundano y común, se convirtió en una verdadera revolución de la industria del entretenimiento.

La creatividad de este emprendedor le ayudó a plantearse una situación en la que, como cliente, no tuviese que estar en la molesta situación de perder su dinero como consecuencia de entregar un producto fuera de plazo.

Si analizamos estos eventos, notaremos que, con frecuencia, nos sentimos como Reed Hustings. Cuando recibimos un servicio esperamos sentirnos satisfechos y, por qué no, disfrutar de una experiencia agradable en el proceso. Sin embargo, a menudo no recibimos lo que esperamos, porque el producto no es el solicitado, el proceso de compra es tedioso o el precio no nos parece justo.

La insatisfacción de un cliente suele ser una buena fuente de inspiración para crear experiencias diferentes y otorgar mayor valor al producto o servicio que ofrecemos.

No obstante, si no estamos tras la búsqueda de ideas innovadoras para transformar nuestro negocio, puede que algunas soluciones creativas a viejos problemas pasen frente a nosotros sin ser advertidas.

La creatividad es una excelente aliada en los negocios, pero si no la utilizamos frecuentemente, desacreditamos nuestras propias ideas y las descartamos por considerarlas tonterías, locuras o despropósitos.

Escuchar nuestras propias sugerencias es un ejercicio muy conveniente para considerar las ideas que se nos ocurren, especialmente aquellas que responden a nuevas formas de ser y de hacer las cosas, tanto en nuestros negocios como en la vida diaria. Detrás de cada idea descabellada se esconde una oportunidad para cambiar las cosas.

LA EVOLUCIÓN ES INEVITABLE PARA ALCANZAR EL ÉXITO

La historia de éxito de Netflix es sorprendente, tanto por la intrépida idea de su creador, como por la velocidad con la que creció para convertirse en un negocio de amplia aceptación en el mundo entero.

Sin embargo, Netflix no contó con el éxito que conocemos desde sus inicios. De hecho, cuando estalló la burbuja de las puntocom, a mediados del 2000, la empresa estaba en una muy mala situación económica, por lo que Hastings y su socio ofrecieron venderla por 50 millones de dólares a los dueños de Blockbuster. La directiva del gigante de los clubes de videos desestimó la oferta, aferrados a su modelo de negocio de alquiler, sin sospechar que para el 2010 ya estarían en quiebra.

La evolución es fundamental para conseguir el éxito, especialmente en el mundo en que vivimos. La rapidez con la que las cosas que conocemos se vuelven obsoletas es vertiginosa, por lo que estamos obligados a cambiar para mejorar y mantenernos en el mercado.

La experiencia de Blockbuster es más común de lo que creemos. Son muchas las compañías que se han sentido tan seguras de su posición que se han negado a innovar. En este caso, Blockbuster se negó a considerar las modernas ideas de Hastings, que estaba a la cabeza de Netflix, y continuó con el modelo tradicional de alquiler que había desarrollado con éxito hasta la fecha.

No obstante, Reed Hastings en todo momento estuvo abierto a la transformación. Su experiencia le había enseñado que siempre podía comenzar de nuevo, por lo que asumía riesgos y nuevas ideas con relativa facilidad. De este modo, construyó una empresa que pasó de hacer envíos por correo a convertirse en un sitio virtual en el que los suscriptores podían elegir el contenido que deseaban consumir.

Después de superar obstáculos y establecerse como la única plataforma de *streaming* del momento, Reed Hastings comprendió que debía encontrar la manera de ofrecer contenidos que le permitieran no depender de estudios cinematográficos y se arriesgó a incursionar en la creación de producciones exclusivas.

La evolución no se ha detenido y esa ha sido la marca de Netflix. Hastings se anticipó a sus competidores hasta tal punto que se convirtió en pionero en todo lo que tiene que ver con la oferta de video a la carta, marcando la pauta hasta el día de hoy.

Sentirnos satisfechos con todo lo que queremos es una sensación muy peligrosa si pretendemos crecer en nuestro negocio. Para incrementar ganancias es necesario evolucionar lo suficiente para dejar atrás antiguas formas de funcionar y participar en la construcción de experiencias innovadoras y gratas para el cliente.

La evolución se apoya en lo que sabemos hacer, pero mantiene la vista en dónde queremos estar, por lo que es imprescindible tener en mente que el lugar en el que estamos es temporal. Aceptar lo positivo que nos ha traído hasta donde estamos es necesario, pero no debemos quedarnos estancados allí.

AYUDA SIEMPRE A LOS DEMÁS

Las actividades filantrópicas de Reed Hastings están enfocadas en la educación, pero también apoya diferentes causas en compañía de su esposa. De hecho, durante la pandemia de la COVID-19 aportaron 30 millones de dólares para realizar vacunas COVAX. También han hecho aportaciones para ayudar a organizaciones sin fines de lucro en Ucrania, con el fin de hacer llegar suministros médicos.

En este escenario, las contribuciones de Hastings siempre han perseguido ayudar a hacer un planeta mejor para todos, especialmente para grupos vulnerables, niños y minorías. En sus propias palabras, se refiere a su oportunidad para transformar realidades comparando el impacto de Netflix en el mundo con sus ambiciones filantrópicas: «Si podemos transformar el negocio del cine facilitando que la gente descubra películas que le encantarán y que los productores y directores encuentren el público adecuado a través de Netflix, y podemos transformar la educación pública a través de las escuelas concertadas, eso es suficiente para mí».

La oportunidad de dar a los demás un poco de lo que hemos obtenido a través del esfuerzo y el trabajo es un logro en sí mismo. Cuando luchamos por alcanzar nuestros sueños y los acompañamos con buenas intenciones, el éxito tiende a ser más satisfactorio.

Cambiar realidades es posible en el día a día, solo debes tener un propósito que te resulte apasionante y enfocarte en llevarlo a cabo. Ser buenas personas es más sencillo de lo que pensamos.

A menudo sentimos que para ayudar a otros es imprescindible contar con grandes sumas de dinero. Sin embargo, aunque este recurso tiende a ser de mucha ayuda, su ausencia no justifica que no hagamos un esfuerzo por ayudar a los demás.

UN LÍDER QUE NO SIGUE REGLAS

En el año 2020, Reed Hastings publicó el libro *Aquí no hay reglas*, junto con Erin Meyer. En esta obra deja en evidencia gran parte de su estilo de vida, pero especialmente su filosofía empresarial y el liderazgo que ejerce a la cabeza de Netflix.

Para muchos, el estilo de Reed Hastings es poco ortodoxo al dirigir la empresa, pues parte de la premisa de ser un líder poco participativo en la toma de decisiones. Esto tiene que ver con su idea de crear *una cultura empresarial a la medida de su empresa*.

En este escenario, la amplia participación de los empleados en la toma de decisiones es una de las características fundamentales de esta compañía. Su ideal es que los trabajadores sean capaces de crear las innovaciones necesarias para mantener a la empresa a la vanguardia. Para ello, apuesta por contar siempre con los mejores candidatos en cada puesto.

La combinación de excelentes empleados y el empoderamiento que les otorga la posibilidad de tomar decisiones importantes es una potente poción para el éxito. Como efecto secundario, contamos con trabajadores identificados positivamente con su organización y con un sólido sentido de pertenencia.

Aunque las empresas suelen funcionar de manera diferente, Hastings propone trabajar sin reglas externas, crear las propias y confiar en el potencial innovador de sus empleados como garantía de éxito.

La creatividad y su espíritu abierto al cambio le han enseñado a confiar en que hacer las cosas de forma diferente está bien, así que no temas romper algunas reglas y atrévete a conformar tu propia cultura empresarial.

13
Arianna Huffington
The Huffington Post

Redefiniendo el concepto de éxito

Arianna Huffington es una autora y empresaria grecoestado-
unidense con una impresionante carrera como escritora y magnate de los medios de comunicación de talla mundial, desde que
fundó la plataforma de noticias *The Huffington Post*.

Es una inspiración para mujeres de todo el planeta que admiran su
inteligencia y habilidades como oradora, pero especialmente su espíritu
de superación, que le llevó a ocupar importantes posiciones en todo lo
que emprendía.

Después de crear y transformar *The Huffington Post* en un fenómeno
del periodismo digital, creó Thrive Global, una empresa dedicada a tratar
temas de salud y bienestar. Autora de 15 libros, ha estado en la lista de
Times que reúne a las 100 personas más influyentes del mundo, así como
en la lista de las mujeres más poderosas, según *Forbes*.

Esta exitosa mujer formó parte de juntas directivas en organizaciones
como Onex y The B Team, incursionó en la política en Estados Unidos
y hoy en día sigue sorprendiendo a emprendedores de todo el mundo por
sus habilidades para los negocios y por su manera de elevar la voz para
dar a conocer sus opiniones y puntos de vista.

LA FAMILIA COMO INSPIRACIÓN

Arianna Stasinopoúlou nació el 15 de julio de 1950 en Atenas, Grecia. Es hija de Elli Georgiadi y de Konstantinos Stasinopoúlou, un periodista y consultor de gestión. Tuvo un hermano menor llamado Agapi.

Elli, su madre, tuvo una gran influencia en Arianna, pues se encargó de su cuidado desde los 11 años, cuando se divorció de su padre.

En el año 1985 conoció a Michael Huffington y un año después contrajeron matrimonio. Sus dos hijas, Isabella y Christina, nacieron de esta relación.

Arianna Huffington siempre deseó ser madre y construir una familia. Su instinto para los negocios, su agilidad para la palabra oral y escrita, así como sus intereses políticos, jamás fueron obstáculo para llevar a cabo esta tarea.

No obstante, siempre se refirió a las madres como seres humanos que enfrentan grandes presiones por hacer un buen trabajo con sus hijos. Su propuesta en este sentido fue dejar de hacer las cosas de forma perfecta y dedicarse a vivir y a acompañar a los niños, en especial mientras son más pequeños.

La presencia de su madre fue una potente ayuda para convertirse en el futuro en una madre incondicional. Paralelamente a su prestigiosa carrera, Arianna siempre cuidaba y se preocupaba por sus hijos.

Ser madre no debe ser un compromiso para las mujeres y tampoco tiene que ser una tarea que se lleve a cabo a la perfección. Educar a pequeños seres humanos es una labor ardua, que requiere la combinación de múltiples factores, por lo que el resultado no depende exclusivamente de la conducta de la madre.

Los hijos son una parte importante en la vida de cualquier persona, pero cuando se trata de una mujer emprendedora, con intenciones de abrirse paso en el mundo de los negocios, frecuentemente controlado por hombres, ser madre se convierte en una tarea muy demandante.

Una de las enseñanzas de personas como Arianna Huffington es que las mujeres no deben temer asumir retos fuera del hogar. La presión social puede hacerles creer que fallan en su función de madres cuanto más tiempo dedican a su carrera profesional. Sin embargo, la verdad es que todas las madres reciben presión por hacer bien su trabajo como responsables de una familia.

Para Arianna, una vez se tienen hijos se descubre lo que es realmente el miedo, porque se entiende la responsabilidad que implica cuidar de otros. Sin embargo, si el proceso de crianza se lleva a cabo en equipo, la realidad es que todos estamos creciendo y aprendiendo con los otros.

UNA MUJER EMPODERADA

Arianna Huffington entendió muy temprano la importancia de acceder a una buena educación. De hecho, su madre la impulsó a no abandonar la escuela, incluso cuando Grecia se encontraba inmersa en un tenso conflicto bélico.

Más adelante, a los 16 años, Arianna se trasladó a estudiar economía al Reino Unido. Su historial de éxitos comenzó en Girton College, Cambridge, donde obtuvo una maestría en Economía.

Sus habilidades naturales saltaron a la vista durante su paso por la universidad, donde marcó la pauta al presidir la Unión de Cambridge, una sociedad de debates fundada en 1815. Arianna se convirtió en la tercera mujer en ocupar el puesto, además de ser la primera persona extranjera en obtenerlo.

El camino hacia el éxito tiene muchas etapas y es importante vivirlas todas con plenitud. La oportunidad de estudiar en una prestigiosa universidad debe ser aprovechada en su totalidad.

No importa de dónde vienes. Cuando tienes la certeza de poder dejar tu marca en tu terreno, observarás cómo se difuminan los límites y tu ascenso se acelera continuamente.

Confía en lo que sabes y dedícate a hacer lo que te interesa. Demostrar tu talento es la mejor manera de darte a conocer, pero también es una oportunidad para medir hasta dónde puedes llegar.

Después de mudarse a los Estados Unidos, Arianna Huffington exploró sus habilidades como escritora, destacando como columnista en *National Review*. No obstante, la literatura tenía mucho más para ofrecerle, por lo que en poco tiempo escribió la biografía de María Callas y una biografía de Pablo Picasso.

Estaba convencida de que su voz tenía que ser escuchada, así que también incursionó en la política. Inicialmente, apoyando las labores de su esposo como senador, pero asumiendo posturas críticas ante las decisiones del gobierno de los Estados Unidos durante las guerras de Iraq y Afganistán.

Arianna no se detuvo nunca, pero supo tomar decisiones importantes cuando las circunstancias no le parecían favorables. Su interés por la política la llevó a participar en las elecciones para gobernador de California el año 2003, contienda que perdió frente a Arnold Schwarzenegger.

Su inteligencia y sentido común le permitieron entender que podía dar a conocer su punto de vista al mundo de múltiples formas, a pesar de no haber logrado el éxito electoral.

En sus palabras se distingue un profundo reconocimiento a la importancia de aprender del fracaso y asumir la postura apropiada cuando se presenta: «Hay que aceptar que no siempre vamos a tomar las decisiones correctas, que vamos a meter la pata muchas veces. Debemos comprender que el fracaso no es lo contrario al éxito, sino que es parte de él».

Su entendimiento la hizo más fuerte y más adelante logró crear una tribuna que le ayudaría a expresar todos sus sentimientos ante el mundo.

El camino hacia el éxito está lleno de fracasos y cada vez que alguno se presenta debemos observar cuál es el mensaje oculto que nos ayudará a corregir y acercarnos a la meta. El fracaso debe ser el principio del empoderamiento.

EL ÉXITO PUEDE ESTAR MÁS CERCA DE LO ESPERADO

Arianna Huffington tenía una excelente habilidad para comunicarse y a lo largo de su trayectoria había hecho gala de ello. En el año 2005 puso en práctica su idea de crear *The Huffington Post*, un sitio web en el que el público pudiera leer sobre noticias internacionales, política, negocios, moda y humor, entre muchos otros temas.

La intrépida idea combinaba más que temáticas; en el sitio web participaban escritores famosos, personalidades y blogueros independientes que condimentaban la oferta de contenido hasta tal punto que el éxito no se hizo esperar.

El interés de Arianna Huffington por elevar su voz y dar a conocer los temas que le interesaban le llevó a crear un imperio digital que transformó la forma de consumir información del público norteamericano, y la idea se extendió rápidamente alrededor del mundo.

Convertirse en una mujer influyente y poderosa en el mundo de las comunicaciones no fue una tarea fácil y el camino estuvo lleno de dificultades, pero el talento y la perseverancia siempre juegan como equipo y conducen a excelentes resultados.

No darse por vencidos es un consejo frecuente, pero mantener el entusiasmo y las ganas de continuar puede ser muy difícil. Conserva tu esencia y no dejes de hacer lo que sabes hacer mejor.

Aunque Arianna cambió de rumbo ante un revés electoral, no dejó de lado su entusiasmo por transformar el mundo y hacer algo significativo.

De hecho, su interés por mantener y hacer crecer un imperio de la información digital como *The Huffington Post* la llevó a lugares insospechados, gracias a su trabajo duro y a su dedicación inquebrantables. Sin embargo, el éxito alcanzado tenía una nueva lección que enseñarle.

TRABAJAR MÁS NO ES LO MISMO QUE TRABAJAR BIEN

Durante el año 2007 las cosas marchaban bien en los negocios, pero Arianna Huffington estaba a punto de descubrir que el éxito podía cobrar un precio muy alto.

Arianna se desmayó en su oficina y la caída le produjo una lesión en el rostro que requirió varias puntadas de sutura muy cerca de su ojo. Las consecuencias de su estilo de vida exigente, en el que contaba con pocas horas de sueño, la llevaron a enfermar de tal forma que la empresaria tuvo que reconsiderar su forma de concebir el éxito

La nueva etapa en la vida de Arianna Huffington nos enseña que la concepción que tenemos sobre el éxito puede estar equivocada. De hecho, creemos que la única forma de triunfar es trabajando con unos horarios muy exigentes, en los que el estrés está a la orden del día y la vida personal se pierde para siempre.

La realidad es que las personas tenemos la oportunidad de decidir qué queremos en la vida y a lo largo de ella entendemos que el tiempo que pasamos con la familia o haciendo aquello que nos gusta con frecuencia es lo que realmente nos llena como seres humanos.

Arianna Huffington cambió su concepción sobre el éxito después de colapsar en su oficina. Comprendió que se equivocaba si seguía con un ritmo de trabajo que comprometía su salud.

De hecho, este punto de inflexión la llevó a tomar un nuevo rumbo, escribió un nuevo libro, *La vida plena*, en el que describió la importancia de asumir un estilo de vida diferente y creó una empresa dedicada al bienestar, Thrive Global.

Tenemos el poder de decidir lo que deseamos intercambiar en pos del éxito. Sin embargo, es necesario estar seguros de que el precio vale la pena. Huffington lo describe con las siguientes palabras: «No te limites a subir la escalera del éxito —una escalera que conduce, después de todo, a los niveles más altos de estrés y desgaste—, dedícate a trazar un nuevo camino hacia el éxito, a rehacerlo de una manera que no incluya solo las convencionales métricas de dinero y poder, sino también un tercer indicador que incorpora el bienestar, la sabiduría, la maravilla».

Redefinir nuestra concepción sobre el éxito y tomar conciencia de todo cuanto sacrificamos con la excusa de trabajar duro para alcanzarlo es una tarea pendiente. Trabajar más no es lo mismo que trabajar bien.

REDEFINIENDO EL CONCEPTO DE ÉXITO

La escritora, magnate de las comunicaciones y fundadora de *The Huffington Post* y Thrive Global comprendió que el éxito es una meta, pero que debemos estar atentos a las consecuencias de perder de vista cuánto cuesta alcanzarlo.

Redefinir las cosas comienza por comprender la importancia de la salud mental en el trabajo, y esta es una de las banderas que defiende Arianna Huffington a través de su empresa, libros y conferencias.

Es necesario repensar las cosas y entender que lo que hay que hacer no es equilibrar la vida y el trabajo, sino que se trata de integrar el trabajo en la vida. La empresaria afirma que ambos «aumentan en compañía, sube uno, y subirás el otro».

Si cuidamos nuestra salud mental y la de nuestros empleados, garantizamos que se pueda hacer un mejor trabajo, por lo que la compañía también saldrá beneficiada. Para Arianna, el bienestar de los empleados no es un tema de discusión para recursos humanos, sino una manera de medir cómo mejora el negocio.

Desarrollar una filosofía empresarial de este tipo requiere creer que todos los miembros de la organización son importantes, desde los líderes que toman las decisiones más complejas hasta los trabajadores de primer nivel.

El cansancio y el estrés afectan a todos y, probablemente, las presiones a las que se someten los altos ejecutivos y personas de confianza son la causa de múltiples enfermedades contemporáneas.

La pregunta que debemos hacernos es cuál es nuestra concepción del éxito y, al responderla, debemos determinar si queremos pasar el resto de nuestra vida cosechando éxitos por el mismo precio que estamos pagando hasta ahora.

Una pionera en los negocios, capaz de abrirse paso a pesar de ser mujer, extranjera, esposa y madre, entendió que el precio puede ser muy alto. Además, Arianna Huffington demostró que *no* es necesario elegir, lo que hace falta es redefinir el éxito y trabajar de forma diferente para alcanzarlo.

14
Steve Jobs
Apple

Vive cada día como si fuera el último

S in duda, Steve Jobs fue uno de los hombres más influyentes de su época. Su interés por la tecnología y la innovación lo llevó a ser un empresario multimillonario que se dedicó a hacer realidad sus visionarias ideas que revolucionaron el mundo.

La lista de sus logros más emblemáticos comienza con la creación del primer ordenador personal y la fundación de Apple, empresa que rompió esquemas en la industria de la informática.

Steve Jobs cambió el mundo con su versión de la telefonía móvil, la música digital y los ordenadores personales. Entre triunfos y fracasos, destacó por su estilo de liderazgo carismático y polémico, enfocado en innovar y ofrecer al cliente todo lo que quiere antes de que sepa que lo desea.

El presidente y director ejecutivo de Apple, presidente y accionista mayoritario de Pixar, miembro de la junta directiva de The Walt Disney Company y fundador, presidente y director ejecutivo de NeXT, fue, sin lugar a dudas, un ser humano que logró ver más allá de los límites del tiempo, y en la actualidad su legado continúa cambiando vidas.

LA FAMILIA COMO SOPORTE PARA LA INNOVACIÓN

Steve Jobs vino al mundo en un momento en el que sus padres biológicos no podían hacerse cargo de él, por lo que fue dado en adopción apenas nació, el 24 de febrero de 1955, en San Francisco.

Fue criado por Paul y Clara Jobs, un matrimonio amoroso. Su padre fue maquinista ferroviario y su madre, ama de casa y, más adelante, contable. Años más tarde la familia adoptó a Patty, así que Steve creció con una hermana menor.

El empresario siempre se refirió a Paul y Clara como sus padres, a secas, y resaltaba el hecho de que ellos le ofrecieron todo lo que necesitó para salir adelante, incluyendo el apoyo a sus decisiones y proyectos.

Una familia incondicional es el soporte necesario para cumplir metas y crear sueños nuevos, en especial cuando se trata de un espíritu inquieto e innovador como el de Steve Jobs.

Jobs se convirtió en padre muy joven, a los 23 años, y tuvo una relación difícil con su hija Lisa, pues en sus primeros años de vida negó su paternidad. Sin embargo, enmendó la situación y años después su hija se fue a vivir con él.

Más adelante, el 18 de marzo de 1991, se casó con Laurene Powell, a quien conoció en 1990 en la escuela de negocios de Stanford. Tuvieron tres hijos, Reed, Erin y Eve. Powell ha sido la responsable de la herencia de Jobs desde su muerte en 2011, dedicando su vida a marcar una diferencia en el mundo a través de las actividades filantrópicas, tal como el empresario quería.

EL INSTINTO DE UN GENIO

Satisfacer los intereses académicos de un joven irreverente y de mente curiosa como la de Steve Jobs no fue una tarea fácil. Sin embargo, cuando la familia se mudó a Mountain View las cosas comenzaron a tomar un rumbo que cumpliría las demandas del joven, ya que esta región se convertiría en parte de lo que hoy es el centro global de alta tecnología Silicon Valley.

El contacto temprano con la tecnología y sus propios intereses se combinaron para generar un ambiente propicio para la innovación. Steve Jobs estudió en el Instituto Homestead de Mountain View y a los 12 años formó parte del Hewlett-Packard Explorer Club, donde los ingenieros de la empresa enseñaban a los niños los avances de la informática y la tecnología.

La semilla de la curiosidad por la innovación estaba en proceso de germinación. El joven Steve entró en contacto con la información y las conexiones que le permitieron transformar el mundo unos años más tarde.

Aunque abandonó prematuramente sus estudios universitarios en Reed College, en Portland, siempre logró conseguir excelentes empleos vinculados con la tecnología. De hecho, fue contratado por la empresa Atari, a la que renunció en poco tiempo para asociarse con su amigo, el ingeniero Stephen Wozniak, en un proyecto que llamaron Apple.

La pasión por la tecnología siempre fue muy intensa y Jobs se permitió seguirla. Su amigo Wozniak tenía en mente la creación de un ordenador doméstico y a Steve la idea le pareció fascinante. Aunque no tenían recursos económicos, no dudó en vender su furgoneta y usar ese dinero para ponerse manos a la obra.

El resto de la historia la conocemos. Jobs y Wozniak fundaron Apple Computer en 1976, cuando crearon el Apple I, el primer ordenador personal, en el garaje de los padres de Steve Jobs. En 1979, Apple ya cotizaba en la Bolsa de Valores y sus fundadores se volvieron millonarios.

Cuando se combinan las variables correctas, el éxito está asegurado. No solo Jobs tenía un cerebro verdaderamente preparado para analizar y descubrir los temas relacionados con la informática, sino que supo reconocer que podrían hacer algo muy significativo al poner un ordenador personal en cada hogar y en cada oficina del mundo.

Por ambiciosa que pareciera, se trataba de una idea brillante y Jobs jamás la abandonó. De hecho, después se dedicó a perfeccionarla y a crear nuevas formas de complacer al público de Apple.

Nuestro instinto suele usar una voz fuerte y clara que frecuentemente no llegamos a reconocer. El ruido de la cotidianidad y la tendencia a hacer siempre lo que se espera de nosotros puede llegar a silenciar esta voz interior que nos dice a gritos qué debemos hacer.

No necesitamos ser un genio como Steve Jobs para perseguir nuestros sueños, pero sí debemos estar atentos a lo que la vida nos presenta a diario y dejar que las cosas sucedan. Cuando somos exigentes y disciplinados, los sueños se pueden hacer realidad.

SI TE DESPIDEN, COMIENZA OTRA VEZ

En una extraña jugada de la vida, Steve Jobs tuvo que abandonar Apple, cuando los conflictos con el entonces presidente de la compañía, John Sculley, que fue contratado para el puesto por el propio Jobs, se volvieron insostenibles.

Lejos de considerar este suceso como una derrota, Jobs abandonó Apple y se enfocó en nuevos proyectos que se convirtieron en éxitos millonarios. Compró una sección tecnológica del estudio cinematográfico de George Lucas, que posteriormente sería Pixar Animations Studios, y fundó la empresa NeXT.

El talento para los negocios de Steve Jobs ya había sido probado y en sus nuevas contiendas lo demostró creando una revolución en el mundo cinematográfico. Pixar produjo varias películas para Walt Disney Company, incluyendo *Toy Story* y *Buscando a Nemo*.

En poco tiempo, la compañía del ratón Mickey compró Pixar, por lo que Steve Jobs pasó a ser el principal accionista individual de esa empresa.

Es probable que el propio Jobs se sorprendiera con el rumbo que tomaron las cosas, pero lo cierto es que su espíritu innovador le permitió marcar la pauta en todo lo que se propuso. Su salida de Apple solo incentivó sus ganas de innovar y dejar su huella.

Nada es más frecuente que el fracaso, y la historia de Steve Jobs nos inspira en este sentido porque cuando podría haberse retirado a descansar o simplemente desaparecer de la opinión pública, decidió seguir su camino y tomar un rumbo diferente, sin dejar de lado su interés por la tecnología.

Comenzar nuevamente no siempre implica hacerlo desde cero. No solo el dinero es importante para emprender en un negocio. La experiencia es el valor más importante, y si sabemos utilizarlo podemos sacar el mayor provecho. Cuando algo sale mal, nos llevamos una fuente de conocimiento que nadie más puede comprender, pues responde a nuestra vivencia y a cómo interpretamos la experiencia.

Steve Jobs aprovechó todo lo que sabía para incursionar en un territorio desconocido, como el cine, y lo hizo con éxito. Pero, además, creó una empresa llamada NeXT Computer, que estaba enfocada en lo que él conocía, la venta de ordenadores. Sin embargo, dió tal giro a esta compañía que marcó su regreso triunfal a Apple.

Nada podía detener a un hombre que había entendido que siempre es posible comenzar otra vez, aunque te despidan de la empresa que tú mismo fundaste.

PREPÁRATE PARA LAS VUELTAS DE LA VIDA

La visión de Steve Jobs se amplió con la experiencia, así que NeXT Computer se convirtió en NeXT Software, por lo que se dedicó a desarrollar sistemas operativos. En poco tiempo, Apple se encontraba en problemas, y decidió comprar la empresa de Jobs para actualizar el sistema operativo de Macintosh, intentando ofrecer al público un producto sencillo de usar y tan barato como los que vendía Microsoft.

El retorno de Jobs a Apple fue el inicio de una nueva era en la que el empresario regresó más fuerte que nunca y comenzó a gestar la que sería la verdadera revolución del mercado tecnológico, transformando la forma en la que consumimos contenidos, música, video y más.

La aparición de ordenadores portátiles, el lanzamiento del iPod, el iPad, el iMac y la revolución de los teléfonos inteligentes con el iPhone han marcado décadas de transformaciones, aplicaciones e innovaciones que no dejan de cambiar nuestras vidas.

El espíritu inquebrantable de Steve Jobs le condujo a seguir adelante. Transformar el mundo tecnológico fue su legado y, contra todos los obstáculos, consiguió cosechar éxito tras éxito.

Aun cuando estaba fuera de la empresa que había creado, no se dio por vencido, y el tiempo le ofreció una nueva oportunidad para demostrar lo que era capaz de hacer.

No merece la pena desesperar ante las dificultades. Con frecuencia, no comprendemos las cosas que nos suceden y tenemos la tendencia a desanimarnos. Cuando estamos seguros de lo que sabemos y lo que queremos lograr, nada puede detenernos. Nunca se sabe cuándo la vida nos devolverá la posibilidad de intentarlo nuevamente y hacer realidad nuestros planes.

LA INNOVACIÓN COMO CARTA DE PRESENTACIÓN

Además de contar con un espíritu inquebrantable, Steve Jobs tenía una gran pasión por la innovación y siempre lo dejó claro. Incluso desarrolló un estilo de liderazgo algo controvertido, pues se caracterizaba por ser muy exigente con el personal y por su obsesión por la calidad y los detalles.

Esto marcó una diferencia significativa y se volvió una referencia en el mundo: los productos de Apple siempre se han caracterizado por estar a la vanguardia de la calidad y el buen gusto. Sus usuarios son los primeros en confirmarlo.

Siempre que sabemos lo que queremos, debemos saber cómo llegar a ello. Jobs logró sus objetivos con trabajo duro, pero también tratando con un enorme cuidado todos los detalles que para él significaban calidad.

Su obsesión por la innovación es, hasta el día de hoy, símbolo de su marca, pues siempre estuvo interesado en que sus productos se adelantaran a los deseos del cliente. En este sentido, su éxito nos deja ver que no debemos sentarnos a esperar que el cliente nos diga qué necesita, sino que tenemos que estar a la vanguardia y crear tales expectativas, que todo lo que ofrecemos sea verdaderamente interesante y necesario.

En sus propias palabras: «No puedes simplemente preguntarles a los clientes qué quieren y luego intentar dárselo. Para cuando lo hayas construido, ya querrán algo nuevo». Especialmente en el mundo en el que vivimos, la tecnología avanza a tal velocidad que la obsolescencia de los productos supone una verdadera carrera contra el tiempo.

Al ofrecer siempre un producto innovador, tanto por su uso, por su empaquetado o por la experiencia que ofrece al cliente, Jobs se adelantaba a sus deseos, y eso lo vemos a menudo en la actualidad. No sabemos que necesitamos un producto hasta que lo vemos en el mercado. Esta es la esencia de la forma de trabajo que definió Steve Jobs en Apple.

Descubre cuál es tu carta de presentación y conviértela en tu marca personal. Jobs era un hombre con una personalidad arrolladora, que hasta la fecha sigue siendo referencia para emprendedores nuevos y consolidados porque sabía lo que quería y fue tras ello.

La innovación era su norte, pues estaba en el sector de la tecnología, pero en realidad, su forma de trabajo se basó en hacer que el cliente siempre tuviera una experiencia diferente con los productos que ofrecía. Encuentra cómo hacer que tu negocio sea único y trabaja en consecuencia. Si logras vender tus productos con una fracción de la pasión que usaba **Steve Jobs**, el éxito estará asegurado.

VIVE CADA DÍA COMO SI FUERA EL ÚLTIMO

Steve Jobs murió el 5 de octubre de 2011 a los 56 años, víctima de un cáncer. Estamos convencidos de que tenía muchos deseos de seguir en este mundo, innovando y disfrutando de sus logros profesionales y personales.

Este emprendedor también dejó un mensaje significativo en torno a la vida y lo fugaz que puede ser, pues en cuanto supo que padecía cáncer y contaba con poco tiempo, decidió vivir con mayor intensidad lo que le quedaba de vida.

Cuando nos quejamos por las cosas que nos faltan, o por aquellas que no han salido como esperamos, perdemos de vista que siempre tenemos una oportunidad para intentarlo otra vez. Cada día que despertamos y vemos la luz del sol, está lleno de posibilidades para alcanzar metas y sueños, pero estamos tan acostumbrados a despertar a diario que dejamos de valorar la bendición que está detrás de cada amanecer.

No es común que pensemos en la muerte y, probablemente, no sea saludable estar pensando constantemente en que podemos morir. No obstante, es conveniente recordar de vez en cuando que la muerte es lo único que tenemos realmente seguro en la vida.

Steve Jobs pronunció estas palabras en un famoso discurso que dirigió a los graduados de la Universidad de Stanford: «¿Qué harías si hoy fuera tu último día? ¿En qué trabajarías? Eso es lo que tienes que sentir cada día».

Vivir cada día como si fuera el último pone las cosas en perspectiva y ayuda a disfrutar de cada pequeño logro y a sonreír ante aquello que no sale como lo planeamos.

Nunca es tarde para empezar otra vez, y una forma de comprenderlo con facilidad es pensando en las personas que ya no están en este mundo y murieron sin completar sus metas y sueños. Estar agradecidos por lo que hemos conseguido es el aliciente que necesitamos para levantarnos cada mañana con energías renovadas. Valorar cada nuevo día nos proporciona el entusiasmo para conseguir cada una de nuestras metas, porque estamos vivos y mientras estemos vivos, tenemos la oportunidad de ser felices.

15
Guy Laliberté
Cirque du Soleil

Apuesta todo por tus sueños

uy Laliberté es el empresario detrás del exitoso Cirque du
Soleil. Además de ser un artista y jugador de póker profesional,
se ha destacado como filántropo, turista espacial y director ejecutivo de la compañía circense más famosa del mundo.

Laliberté fundó el circo en 1984 en su Quebec natal, sin saber que
crearía un espectáculo que alcanzaría a más de 100 millones de personas
en los cinco continentes.

Con una plantilla que supera las 4.000 personas y que incluye artistas
de todo el mundo, el Cirque du Soleil cuenta con unos ingresos de más de
800 millones de dólares cada año y su creador ha estado entre los hombres más ricos de Canadá y los más poderosos del mundo.

La parte más sorprendente de la historia de Guy Laliberté es que su
pasión por el arte circense lo llevó a comenzar su camino en las calles,
donde aprendió a caminar sobre zancos y a tragar fuego. Nadie creería
que este oficio le llevaría a ser nombrado emprendedor del año por varias
organizaciones y, mucho menos, a convertirse en el multimillonario que
es en la actualidad.

Este emprendedor también fue el primer payaso en orbitar el planeta
Tierra y dedica mucho tiempo a sus actividades filantrópicas a través de
la Fundación One Drop. Sin duda, Laliberté es un monumento viviente
a la dedicación y al amor por el arte.

CUANDO SE NACE ARTISTA...

Guy Laliberté nació el 2 de septiembre de 1959, en la ciudad de Quebec, Canadá. Pertenecía a una familia de clase media, en la que su padre era un ejecutivo de relaciones públicas y su madre, enfermera.

El entusiasmo por el arte le venía a Guy desde muy pequeño. De hecho, sus padres lo llevaron a ver el circo Ringling Brothers and Barnum & Bailey cuando era niño y esta experiencia dejó una impronta que jamás se borró.

La pasión por el arte y el espectáculo lo llevó a formarse como músico, así que tocaba el acordeón en un grupo de música folk llamado *La Gueule du loup*. Siempre disfrutó estando frente al público, por lo que no dudó en probar suerte en Europa, donde desarrolló sus dotes de artista callejero, resaltando la habilidad para tragar fuego.

Laliberté parecía haber nacido para el arte, pero en 1979 regresó a Quebec y decidió tomar un empleo tradicional a tiempo completo en una planta hidroeléctrica. Tres días después, una huelga de trabajadores lo dejó fuera de la compañía, y Guy comprendió que no quería seguir dedicando su tiempo a un trabajo de estas características.

La vida de un artista puede estar llena de este tipo de contradicciones. Son muchas las personas que afirman que el arte no es un trabajo y que es necesario buscar un empleo estable o *serio*, restando crédito a todo lo que tiene que ver con las representaciones artísticas como formas de ganarse la vida.

Dedicarse al arte parece ser una actividad relegada a soñadores, ingenuos y crédulos que piensan que saldrán adelante a través de la fascinación que ofrece la estética de las artes plásticas, musicales o escénicas. Sin embargo, la realidad es que perseguir un sueño como este es tan válido como desear emprender cualquier tipo de negocio y, sin duda, necesita los mismos esfuerzos.

Guy había nacido para ser un artista y esta certeza lo ayudó a mantenerse firme y abandonar la idea de dedicarse a otra cosa.

TODOS LOS SUEÑOS SON POSIBLES

La seductora atracción que el arte circense ejercía sobre **Guy Laliberté** combinaba perfectamente con su visión y espíritu de superación. Cuando se unió al grupo *Les Échassiers de Baie-Saint-Paul*, conoció a su líder, Gilles Ste-Croix, y aprendió a caminar con zancos y empezó a participar en coloridos espectáculos.

Pero el sueño comienza a tornarse en realidad cuando el grupo de Laliberté, Ste-Croix y Daniel Gauthier decidieron organizar una feria de verano en Baie Saint Paul, en Quebec. Esta experiencia marcó el inicio de un ciclo que no se ha detenido jamás.

El éxito de esta y otras ferias sucesivas producidas y dirigidas por Laliberté permitió que el gobierno de Quebec les otorgara 1,5 millones de dólares para hacer una producción especial en el marco de la celebración de los 450 años del descubrimiento de Canadá.

El equipo asumió el reto y Laliberté preparó un espectáculo de grandes proporciones, con el nombre de El Gran Tour del Cirque du Soleil. Los resultados fueron magníficos, tanto por la receptividad del público como por los beneficios económicos, y abrió una senda hacia extraordinarias experiencias que traspasaron todas las fronteras.

La ruta hacia el éxito no es lineal y está llena de altibajos en los que los más descuidados pueden perder de vista lo cerca que está la meta. Para Guy Laliberté, el espectáculo era su vida, pero además había entendido que la calidad y la innovación eran el sello que le permitiría llegar con mayor rapidez a esa meta.

Acostumbrarse al éxito puede ser la mejor motivación para seguir adelante. Guy había llevado a sus artistas fuera de las calles y la suya se perfilaba como una compañía con un talento extraordinario, que rompía los esquemas del circo tradicional. El entusiasmo apenas podía sostenerse, el éxito parecía sonreírles, pero Laliberté nunca pensaba en detenerse. Siempre quiso dar un paso más, así que duplicó la apuesta.

APUESTA TODO POR TUS SUEÑOS

Guy Laliberté tenía una enorme pasión por el espectáculo, pero era un verdadero apostador. De hecho, con el tiempo llegó a ser jugador profesional de póker y esto decía mucho de su filosofía de vida.

A menudo corremos riesgos en la vida y estos suponen un temor a fracasar. No obstante, cuando estamos seguros de lo que podemos hacer, de que tenemos la jugada ganadora, apostar es la única respuesta posible.

Cuando el Cirque du Soleil comenzó a cosechar éxitos, el espectáculo se hizo más grande. Sus creadores eran buenos en lo que hacían y se aseguraban de contar con los mejores artistas del mundo, además de garantizar que su sello de innovación siempre se hiciera visible.

Así fue como decidieron participar en el Festival de Artes de Los Ángeles, en los Estados Unidos, lo que significaría la primera vez que la compañía cruzaría las fronteras para presentarse ante un público muy exigente.

Guy Laliberté afirmó en una entrevista: «Aposté todo a esa noche», y en realidad no era una frase retórica, pues la verdad es que todos los ahorros de producción se habían invertido en comprar pasajes de ida para este compromiso, pero no tenían dinero para los pasajes de vuelta.

Como quien realiza un salto al vacío, sin red, el empresario se arriesgó y ganó. El espectáculo fue tan exitoso que conquistó al público norteamericano y realizaron numerosas funciones que hicieron crecer su fama y dividendos.

Apostar no siempre tiene que ver con la suerte, sino con saber usar tus cartas a favor. Laliberté sabía que estaba detrás de un espectáculo de un nivel pocas veces alcanzado y que estaba revolucionando el circo como se conocía hasta la fecha.

Seguro como estaba de contar con una jugada ganadora, había que arriesgarse, y los resultados son visibles aún en la actualidad. Cuando tenemos tales niveles de certeza no hay razones para temer arriesgarse y darlo todo por alcanzar un sueño.

No siempre es suficiente ser buenos en lo que hacemos, ni siquiera ser los mejores. Con frecuencia, la jugada ganadora llega cuando somos capaces de hacer las cosas como nadie más las habría hecho. La innovación de Guy Laliberté en el arte circense se centró en una visión de grupo tal que la estrella son todos en general. Ningún artista es el protagonista porque todos lo son y trabajan en equipo para ofrecer un espectáculo innovador e integrador, en el que convergen la danza, el teatro, la música, el canto y todas las habilidades del circo, en pos de un espectáculo único.

Duplicar la apuesta comienza con la certeza de que tenemos las fichas correctas y esto es posible cuando hemos trabajado para ello. La suerte tiene un papel importante, pero si no estamos preparados para ella, jamás veremos el día de ganar la partida.

LA INNOVACIÓN COMO GÉNERO ARTÍSTICO Y ESTRATEGIA DE NEGOCIOS

La estrategia ganadora de Guy Laliberté y su equipo fue transformar el concepto del circo conocido por todos. Esta es, probablemente, la estrategia de negocios más productiva para el Cirque du Soleil desde su creación hasta nuestros días, la innovación como género artístico.

Laliberté no tenía miedo de crear rutinas diferentes que dieran cuerpo a grandes espectáculos. De hecho, siempre estuvo abierto a encontrar a los artistas que pudieran hacer realidad presentaciones llenas de magia, en las que el público pudiera experimentar vivencias únicas.

El enfoque en el talento y las habilidades de los artistas fue la clave. Además, nunca se usaron animales y las puestas en escena estaban dirigidas a un público de todas las edades, en lugar de a un público fundamentalmente infantil. Laliberté insistía en que «dentro de cada adulto todavía hay un niño. Somos comerciantes de la felicidad, brindamos a las personas la oportunidad de soñar como niños».

Todas estas transformaciones estaban dirigidas a sorprender al público con espectáculos que parecían irreales, llenos de números deslumbrantes que rompían todos los esquemas. Esta es la marca de Guy Laliberté y del Cirque du Soleil.

QUE TU ARTE SIRVA PARA AYUDAR A LOS DEMÁS

El arte de Guy Laliberté y el éxito alcanzado le ha permitido realizar sueños propios y ajenos. De hecho, ha dedicado parte de sus ganancias a ayudar a otras personas y a luchar por iniciativas diversas, pero una de las que más le apasiona es la de lograr que todas las personas en el mundo tengan acceso al agua, temática que aborda a través de la Fundación One Drop.

Además, se ha interesado por usar el arte para dar a conocer este problema y se ha dedicado a exponer su punto de vista al respecto en cada oportunidad que se ha presentado.

De hecho, en 2009 hizo un viaje espacial que llamó una «misión social poética». Mientras estuvo en órbita realizó una transmisión web con actuaciones artísticas en 14 ciudades del mundo, cuyo tema central fue esta problemática.

Todos tenemos una tribuna y un círculo de influencia en el que podemos marcar una diferencia. Alcanzar el éxito es un objetivo que todos perseguimos, pero trabajar por un propósito mayor a lo largo de nuestras vidas suele ser un buen aderezo para sentir que lo que hacemos tiene sentido. Asegúrate de que tu arte, cualquiera que sea, te permita ayudar a los demás.

EL ARTE CIRCENSE ES UN LENGUAJE UNIVERSAL

La innovación y la creatividad van de la mano y son la pareja perfecta para lograr sorprender tanto en el arte como en la vida. Nadie daría crédito a la idea de construir una compañía de espectáculos que se volvería conocida en el mundo y generaría ganancias multimillonarias, pero aun así, Guy Laliberté lo hizo posible.

En esta historia, la confianza en que el circo tiene su propio lenguaje y que es capaz de transmitir emociones significativas al público sirvió de puente para llegar a hacer grandes proyectos. Sin embargo, fue el trabajo sostenido el que permitió que todo sucediera.

La carpa de un circo es como la vida, un lugar en el que hay espacio para todo tipo de sueños, incluso aquellos que parecen imposibles e irrealizables. No obstante, ocurre que, de vez en cuando, estos sueños se hacen realidad.

Todos somos equilibristas en la cuerda floja del día a día. Muchas veces sentimos que no contamos con el soporte necesario para mantenernos en lo alto y, con frecuencia, caemos, pero lo más importante es que, por múltiples motivos, decidimos intentarlo otra vez.

Cuando entendemos que todos los sueños son posibles, los límites se difuminan y comenzamos a creer en nuestro poder para hacerlos realidad.

Guy Laliberté es un verdadero maestro hacedor de sueños. En 2009 se convirtió en el primer payaso espacial, al participar en una expedición que lo pondría en órbita fuera de este mundo, rumbo a la Estación Espacial Internacional. Tras convertirse, además, en el primer turista espacial de origen canadiense, demostró que podemos hacer lo que queremos en este planeta y fuera de él.

16
John Mackey
Whole Foods

Cada empresa tiene el poder de cambiar el mundo

El empresario y escritor estadounidense John Mackey tiene una historia que nos enseña que nuestros ideales pueden llevarnos lejos. Elevar nuestra voz en pos del bienestar común es una herramienta para influir en los demás y llegar a más personas con nuestro mensaje.

Este hombre ha sido elegido como empresario del año en varias ocasiones, gracias a su trabajo como cofundador y CEO de Whole Foods Market. Además, lo que se ha convertido en su sello personal es su particular filosofía de vida que ha dado a conocer a través de sus discursos, libros y negocios.

Mackey publicó el libro *Conscious Capitalism* en el año 2013 y se convirtió en un *best seller* internacional. En sus páginas expresa sus opiniones en torno al capitalismo consciente y la economía de libre mercado.

Este emprendedor ha pasado a la historia por crear un modelo de negocio fundamentado en la idea de cambiar el mundo a través del uso solidario del dinero. Además, transformó sus almacenes en una de las cadenas de tiendas de alimentos naturales más grandes del mundo.

Este magnate descubrió que prefiere una alimentación orgánica y natural, aboga por los derechos de los animales y defiende a los miembros de su negocio como seres humanos que merecen todo. Durante 16 años consecutivos, su compañía fue catalogada como la mejor empresa para trabajar, entre otros reconocimientos. En la actualidad cuenta con más de 370 tiendas y 80.000 miembros de equipo en tres países.

En 2022 se anunció un acuerdo con Amazon.com por 13.700 millones de dólares, por lo que John Mackey se convirtió en noticia nuevamente, gracias a sus logros como líder de la exitosa cadena Whole Foods Market.

John Mackey ha demostrado que cambiar el mundo comienza por cambiar nuestra vida, transformar la de las personas que tenemos más cerca y hacerlas partícipes de nuestras ideas e intenciones.

NACE UN HOMBRE CON UNA MENTE BRILLANTE

John Powell Mackey nació el 15 de agosto de 1953 en Houston, Texas. Fue el hijo de Margaret Wescott y William Sturges Mackey, Jr. Además, creció junto a un hermano y una hermana.

John tuvo una gran influencia de sus padres en torno a lo que sería su vida y el rumbo que tomó. Su padre fue profesor de contabilidad y le enseñó valiosas lecciones de vida, según sus propias palabras. Su madre, Margaret, creía que John Mackey tenía una mente brillante, por lo que tenía grandes planes y sueños para su futuro. Sin embargo, ninguno de ellos se relacionaba con dedicarse a la venta de verduras al por menor.

Esto marcó una relación algo distante y tensa entre John y su madre. Mackey tenía la certeza de que su vida debería estar dedicada a un fin que pudiera alcanzar apasionadamente, aunque eso significara decepcionar a su madre.

Nuestros padres pueden tener mucho que ver con las decisiones que tomamos en la vida. Con frecuencia, tienen razón y suelen orientarnos a seguir el camino correcto, pero a menudo sentimos que debemos hacer esta senda por nuestros propios medios.

John no sabía a qué se dedicaría en el futuro, pero tampoco tenía apuro en descubrirlo. La vida se encargó de enseñarle que el viaje de descubrimiento de la ruta que seguiremos comienza en nuestro interior. Aunque probablemente no pudo tomar el camino que anhelaba su madre, siempre la amó y respetó su punto de vista.

APRENDE TODO Y NO TE LIMITES EN NADA

John Mackey estuvo seis años en la universidad y no obtuvo ningún título universitario, pues creía innecesario definir sus intereses académicos como se espera tradicionalmente.

Aunque estudiaba filosofía y religión en la Universidad de Texas y en la Trinity University, su enfoque era más generalista, a lo que atribuye su éxito en los negocios. Se enfocó en estudiar diferentes asignaturas que llenaban sus expectativas e intereses, pero jamás optó por un título.

Lo que sí definió su futuro fue la certeza de seguir un camino marcado por sus propias motivaciones. De hecho, cuando comenzó a trabajar en una cooperativa de alimentos vegetarianos, su dieta cambió también, convencido de que sus intenciones tenían que estar en concordancia con lo que hacía y viceversa.

Allí comenzó su interés por ser una persona pacifista, llena de un profundo respeto por la vida. John fue vegetariano durante más de 30 años y en la actualidad se define como un hombre vegano.

La verdadera integridad reside en ser capaz de combinar nuestros pensamientos con nuestras acciones. No es suficiente ser solo portavoz de ideas en las que confiamos, nos gustan o nos parecen políticamente correctas.

Para hacer que otros crean en nuestras ideas, debemos creerlas nosotros y ponerlas en práctica en nuestras vidas, de tal modo que contemos con personas que nos sigan y que imiten lo que hacemos, en lugar de individuos a los que solo les agrade lo que decimos pero que no crean profundamente en ello.

CUANDO TU FILOSOFÍA SE CONVIERTE EN NEGOCIO

Para el año 1978, John Mackey y su novia, Renee Lawson, fundaron una tienda de alimentación llamada SafeWay. Ninguno tenía dinero suficiente, pues ambos abandonaron la universidad para perseguir esta idea. Sin embargo, su convicción era fuerte y creían que una tienda de comida saludable era más que un negocio una necesidad.

John y Renee han contado innumerables veces que el negocio no empezó bien. Aunque encontraron el dinero para comenzar a través de préstamos y aportaciones de amigos y familia, el avance fue lento, pero sus ideas trascendieron al almacén en el que todo inició, así que llegaron a marcar la vida de los empleados y del público en general.

En un principio tuvieron que mudarse a vivir al almacén, pues no podían costear un apartamento. En esta época, no tenían cómo ducharse en este espacio, por lo que improvisaron bañarse a través de una manguera que conectaban a la canilla del lavavajillas. Este problemático inicio está lleno de anécdotas que hoy ilustran lo lejos que puede llegarse con el trabajo sostenido.

En un par de años ocurrió una fusión entre SafeWay y Clarksville Natural Grocery, dirigido por Mark Skiles y Craig Weller, como una manera de unir esfuerzos para acelerar el crecimiento del grupo. Este fue el punto de partida para una etapa que comenzó con el nacimiento de Whole Foods Market.

La filosofía de Mackey le permitió crecer juntamente con su equipo. Tanto sus empleados como los clientes creían en su estilo de negocio y hasta la fecha siguen creyendo en la importancia de seguir un estilo de vida saludable.

Además de proponer una experiencia agradable para el cliente, la diferencia que podemos marcar tiene que ver con nuestra habilidad para crear una forma de vida mejor para todos. Esta es la marca que ha dejado **Mackey** a través de Whole Foods, un negocio que define un estilo de vida diferente y que vende más que productos saludables.

LOS FRACASOS TE HACEN MÁS FUERTE

Además de contar con un inicio difícil, los primeros años de Mackey a la cabeza de Whole Foods estuvieron marcados por fuertes retos.

Uno de los más significativos fue sobreponerse a las inundaciones que casi terminan con el establecimiento donde funcionaba Whole Foods. Aunque habían pasado por un buen momento en las ventas, las pérdidas fueron totales, así que costear las reparaciones para abrir nuevamente era una tarea difícil.

No obstante, la vida le permitió ver que estaba haciendo un buen trabajo, cuando a pesar de las limitaciones económicas, los empleados se ofrecieron a restaurar el establecimiento con ayuda de clientes y vecinos.

John Mackey aprendió rápidamente que los negocios tenían mucho que ver con las relaciones que establecemos con nuestros empleados y clientes. Entendió que los beneficios que percibe una compañía no valen mucho si no es posible retribuir parte de ello a la comunidad.

Aprender de una situación tan compleja no es sencillo, pero, en definitiva, las enseñanzas suelen ser profundas y aleccionadoras. John comenzó a desarrollar sus ideas sobre el capitalismo consciente, entendido como un sistema en el que los negocios tienen como finalidad la creación de capital, pero este pretende generar un bien mayor para la sociedad.

Las ideas solidarias de Mackey son, tal vez, su legado más importante. La marca de su empresa en las vidas de clientes y empleados se hizo más fuerte cuando comprendió que todos nos necesitamos más de lo que creemos.

CUANDO EL TRIUNFO LLEGA, PODEMOS AYUDAR A LOS DEMÁS

El crecimiento de Whole Foods Market trascendió las fronteras de Texas y en pocos años llegó a Canadá, Reino Unido y superó las 365 tiendas. La empresa creció como compañía y se volvió muy rentable, pero, además, su interés por marcar una diferencia en la sociedad se hizo más fuerte.

John Mackey trabajó por promover un estilo de vida saludable, por lo que, además de vender alimentos que contribuyen a una alimentación sana, se dedicó a defender a los animales y ayudó a pequeños productores con el cultivo de alimentos orgánicos, a través del Programa de Préstamos al Productor Local.

En este contexto, Mackey fue corresponsable y coherente en tanto que predicaba una filosofía que promueve ciertas acciones, pero además, trabajaba en función de que sus ideas fueran seguidas por otros.

Además, se dedicó a ayudar a los demás a través de la Fundación Whole Planet, que intenta erradicar la pobreza en países en vías de desarrollo. Mackey intentó por diferentes vías hacer cambios significativos en su entorno más cercano, pero también en entornos más remotos.

El caso de Mackey destaca entre otros millonarios filántropos porque tiene un estilo de vida sencillo, además de saludable. Lo que predica con el ejemplo dice más que las palabras que de forma incansable enuncia en cada oportunidad que se presenta.

De hecho, en 2006 redujo su salario a un dólar al año y anunció que donaría sus acciones a la caridad. También creó un fondo de emergencia de 100.000 dólares para los empleados de Whole Foods Market que tuvieran problemas sobrevenidos. Estas medidas respondían a su interés por modelar un estilo de vida y una filosofía que respondía a una nueva forma de hacer negocios, el capitalismo consciente del que habla en su libro homónimo.

EL CAPITALISMO PUEDE SER LA ESPERANZA PARA EL MUNDO

El capitalismo es un sistema económico que ha sido satanizado por muchos y, probablemente, con razón. Sin embargo, John Mackey propone un movimiento en el que el capitalismo puede reconfigurarse como una estrategia para hacer negocios con conciencia ética.

En el libro *Capitalismo consciente* explica sus ideas en torno al libre mercado y apuesta por un mundo en el que los negocios están orientados hacia el logro de un bien mayor.

En sus propias palabras, Mackey ha dejado claro que el dinero es un beneficio secundario, pero que las organizaciones pueden estar orientadas por una visión más englobadora en términos de resolver los problemas que aquejan al mundo: «Cuando uno trabaja por el gusto de hacer lo que hace más que por el dinero, el dinero acaba llegando como quiera».

Su vocación por transformar positivamente el mundo le ha llevado a ser considerado el Empresario del Año, por Ernst & Young; Mejor CEO de América, por el Institutional Investor; Mejor CEO del mundo, por Barron's; Empresario del Año, por Fortune; y el CEO más inspirador, según Esquire, entre muchas otras menciones especiales.

John Mackey cree en estas ideas y se mantiene fiel a ellas. No persigue reconocimientos, sino que intenta dejar una huella significativa a través de sus propios actos. Transformar la vida de otros, cambiar el mundo, terminar con las dificultades de los más desprotegidos puede ser posible si cambiamos nuestra forma de pensar.

El capitalismo consciente puede no ser la respuesta si pensamos únicamente en cubrir nuestras necesidades, pero si consideramos la influencia que podemos ejercer sobre otros, puede que las cosas luzcan diferentes.

Cambiar nuestra filosofía de vida no es simple. A menudo somos bombardeados con ideas de consumo que nos hacen creer que necesitamos muchas cosas para ser felices, cuando en realidad la felicidad está llena de momentos simples.

Trabajar por dinero puede llevarnos a satisfacer algunas necesidades básicas y, seguramente, otras más relacionadas con el estatus y los criterios de la sociedad contemporánea. Sin embargo, trabajar pensando en el servicio que podemos prestar a otros con las cosas que hacemos y los logros que alcanzamos es una estrategia ganadora si queremos cambiar el mundo. Esta es, indudablemente, una de las ideas más inspiradoras de John Mackey.

17
Larry Page
Google

Cuando un sueño aparezca, ¡agárralo!

El joven Larry Page no imaginaba que tras la búsqueda de su idea de investigación para hacer la tesis doctoral en la Universidad de Stanford se preparaba para revolucionar el mundo digital.

Larry Page es el creador de Google, el buscador más famoso del mundo. Trabajaba con su amigo Sergey Brin en una forma de realizar descargas de información desde internet con ciertos criterios que no eran seguidos por los buscadores de la época. De esta manera, la inteligencia de ambos y sus habilidades para las matemáticas y la informática hicieron que este par de jóvenes genios transformaran la forma de acceder a la información que se encuentra en la web.

En la actualidad, Page es un magnate de los negocios, multimillonario, empresario de internet y un innovador estadounidense que no descansa en su afán por crear aplicaciones que nos permitan hacer más fácil nuestra vida.

Ha sido director ejecutivo de Google y, posteriormente, de Alphabet Inc., fundada como empresa matriz que permitiera facilitar la creación de nuevos avances y aplicaciones.

Es considerada una de las mentes más brillantes de nuestra era, gracias a sus aportaciones para garantizar la democratización de la información que está disponible en internet, a través de métodos sencillos y amigables con el ciudadano común. Además, Larry Page ha contribuido con el desarrollo económico del mundo, que ha experimentado un avance insospechado gracias a que millones de empresas operen con mayor facilidad y velocidad desde la web.

Con un patrimonio estimado en 112.000 millones de dólares, según el índice de multimillonarios de Bloomberg de junio de 2023, Larry Page sigue innovando y apostando por un mundo en el que la tecnología y sus beneficios estén al alcance de todos.

NACE UN JOVEN GENIO QUE QUERÍA INVENTAR COSAS

Lawrence Edward Page nació el 26 de marzo de 1973 en East Lansing, Míchigan, Estados Unidos. Es hijo de dos profesores universitarios expertos en tecnología.

Su madre es Gloria Page, quien trabajó como profesora de programación en la Universidad de Míchigan. Su padre, Carl V. Page, era profesor de Ciencias de la Computación e Inteligencia Artificial de la Universidad de Carolina del Norte en Chapel Hill y de la Universidad de Míchigan. Para la fecha en la que nació Larry, Carl ya era una autoridad en el campo de la Inteligencia Artificial.

Con tales genes y creciendo en un entorno en el que la tecnología estaba a la orden del día, era de esperar que Larry desarrollara una gran atracción por todo lo relacionado con la computación y la informática. Sin embargo, nadie podría anticipar lo que este joven sería capaz de hacer.

El pequeño Larry Page estudió en una escuela en la que se practicaba la metodología Montessori. El desarrollo de la creatividad es una de las premisas de esta metodología, por lo que Larry siempre estuvo expuesto a un ambiente que invitaba a seguir su curiosidad y a descubrir cómo funcionaban las cosas.

Con una niñez como la de Page, con unos padres que lo confrontaron con ordenadores desde sus primeros años, así como con un acceso ilimitado a revistas científicas y en un ambiente que favorecía la investigación, las cartas estaban echadas para la formación de un genio de esta era.

En la educación de un niño se conjugan algunas variables que pueden derivar en la formación de individuos con un gran sentido de la curiosidad y entusiastas de la investigación, como es el caso de Page.

Sin duda alguna, su interés por la innovación estuvo definido desde muy temprano por su entorno, pero también se trataba de un joven con un carácter que le hacía sentirse atraído hacia la creación e invención de nuevos objetos y artefactos. De hecho, uno de los personajes que marcó su vida desde niño fue el inventor Nikola Tesla, a quien siempre quiso emular y reivindicar.

ENCUENTRA TU EQUIPO IDEAL

Larry Page sabía que quería ser inventor de tecnologías revolucionarias, y para lograrlo, sintió que debía formarse en las mejores escuelas y en cada una de ellas logró dejar su huella.

Estudió en la East Lansing High School y se graduó con honores en la Universidad Estatal de Míchigan, con un grado en Ingeniería de Computadores. Sin embargo, estaba listo para continuar su formación, así que se apuntó a un doctorado en la Universidad de Stanford, donde ocurrió toda la magia que marcaría su vida para siempre.

Durante su primer fin de semana en la universidad, Page conoció a quien sería su apoyo inicial y, posteriormente, socio en la consolidación del proyecto de sus vidas.

Sergey Brin era un estudiante de doctorado nacido en Moscú, Rusia. Tenían mucho en común, pues además de ser un apasionado de la tecnología, Brin era hijo de un profesor de matemáticas en la Universidad de Maryland y contaba con una licenciatura en ciencias de la computación y matemáticas.

La ventaja de que este colega compartiera su pasión por la computación los convirtió en un dúo revolucionario. Tras la pista de una buena idea para investigar y presentar su tesis de doctorado, se embarcaron en el desarrollo de un tema que transformó sus vidas y el mundo entero.

Cuando encuentras a personas que comparten tus ideas al punto de dejarlo todo por ir tras de ellas, suelen pasar cosas buenas. Lograr nuestras metas con nuestro propio esfuerzo es muy satisfactorio, pero cuando contamos con el equipo correcto, podemos dirigirnos hacia el éxito a una velocidad vertiginosa.

El equipo ideal es aquel en el que podemos hablar el mismo idioma y estamos convencidos de que la contraparte nos escucha y comparte nuestros objetivos. La pareja Page-Brin se convertiría en un equipo imbatible hasta nuestros días, desde el momento en el que crearon BackRub, el predecesor de Google, con el objetivo de organizar la infinita cantidad de información que se encontraba en la web.

TEN UN OBJETIVO CLARO

Llegar a nuestro destino es más sencillo cuando sabemos exactamente a dónde vamos. Cuando Page y Brin trabajaban en su idea, Larry tenía muy claro qué es lo que quería lograr y así lo afirmaba en aquel momento: «Básicamente, nuestra meta es tomar la mayor cantidad de información y hacerla accesible y útil».

Perseguían la accesibilidad de la información, un servicio que aparentemente ya ofrecían los buscadores disponibles para la época, como Altavista y Yahoo, entre otros. Sin embargo, su meta era lograr que esta información fuera realmente útil para el usuario, por lo que era necesario poder organizarla de tal modo que el primer resultado en aparecer fuera siempre el más importante.

Este fue el aporte que permitió que Larry Page y su equipo crearan un buscador realmente innovador. En 1999 desarrollaron un sistema de algoritmos que denominaron PageRank, que posibilitaba ordenar por jerarquía las páginas de internet, según la calidad y la presencia o popularidad.

La esencia de esta mejora definió la marca de Google. La verdadera utilidad de este producto no era solamente encontrar la información, sino poder acceder a la mejor información según sus propios criterios, alimentados por la cantidad de enlaces que conducían a estas páginas y las hacían más o menos utilizadas por el usuario.

Tener un objetivo claro les permitió llegar más lejos que sus competidores, que se sentían seguros facilitando información en bruto al usuario, sin ningún tipo de criterio de calidad para filtrarla.

La búsqueda de respuestas a interrogantes que le apasionaban fue el hilo conductor que llevó a Page a crear una herramienta que cambiaría la manera en la que interactuábamos con internet.

Con frecuencia, trabajamos profundamente para alcanzar un objetivo que creemos claro. Sin embargo, es conveniente transformarlo en preguntas cuyas respuestas nos acerquen a alcanzarlo. Esa es una buena forma de confirmar que realmente comprendemos hacia dónde nos dirigimos.

Conocer cuál es nuestro fin último nos facilita el trabajo, pues podemos concentrar esfuerzos en acciones específicas que contribuyen a acercarnos a nuestros objetivos. Además, si entendemos qué es lo que queremos hacer, podemos realizar ajustes más rápidamente que cuando nos conducimos por un camino impreciso y poco claro.

TOMAR RIESGOS PUEDE CAMBIAR TU VIDA

Larry Page y su equipo tenían un objetivo claro. Sin embargo, sus ideas de profundizar en la manera de acceder a la información de la web de una forma diferente, con mayores utilidades prácticas para el usuario, no solo eran muy atractivas para fines de investigación, sino también como idea de negocio.

Page y Brin estudiaban un doctorado en Ciencias de la Computación en la Universidad de Stanford, que era lo más importante en su proyecto de vida del momento. Era muy arriesgado dedicar más tiempo a estas ideas como una forma de emprendimiento, pues era una empresa ambiciosa, para la que no contaban con suficientes recursos, además de que la posibilidad de abandonar sus estudios les causaba dudas y temor.

Sin embargo, tomar este riesgo convirtió a Larry Page en el multimillonario que es hoy, una de las 10 personas más ricas del mundo y fundador de una empresa que se establece como la tercera más valiosa del planeta, después de Apple y Microsoft.

Tu proyecto de vida puede estar orientado a llevarte a la cima del mundo que has imaginado para ti. Sin embargo, no debes desestimar las oportunidades que se presentan y apuntarte a crecer cuando estás seguro de que sabes lo que haces.

Aunque Page y Brin estaban concentrados en su doctorado, tuvieron la visión para comprender que su idea era tan poderosa que tenía el potencial de convertirse en algo muy grande.

A menudo la vida nos pone este tipo de pruebas. Debemos tener los ojos abiertos para identificar el momento en el que nuestro plan puede cambiar para lograr un bien mayor. No está mal desear terminar un doctorado, pero cuando lo que persigues es capaz de llenar los espacios de tu pasión, ambición y deseo de superación, sin duda el diploma puede esperar.

TUS EMPLEADOS SON EL ACTIVO MÁS IMPORTANTE

El legado de Larry Page también dejó fuertes efectos en la forma de liderar una organización en la que el talento humano es tan importante, como lo es para el gigante tecnológico Google.

Page se aseguró de contar siempre con el mejor equipo. Llegó muy lejos a una velocidad sin precedentes gracias a su ingenio y a la compañía del brillante Sergey Brin, así que fue muy sencillo para él entender que necesitaba rodearse de los mejores genios de la tecnología en el momento.

Teniendo eso en cuenta, también se aseguró de ofrecer el mejor trato posible a sus empleados, convencido de que la fidelidad de su personal era tan valiosa como las innovaciones que podrían ayudar a crear.

De este modo, Google se convirtió en una empresa pionera en un estilo de trabajo que se caracterizaba por un dinámico ambiente laboral, en el que todos se sintieran a gusto y libres para proponer las mejores ideas.

Los empleados de Google, o *googlers*, tienen a su disposición un entorno flexible, en el que pueden acceder a masajes o clases de yoga, así como una cafetería en la que la comida es preparada por chefs especializados. Desde sus inicios han contado con espacios en los que pueden usar una piscina, mesas de ping pong, pianos y otros instrumentos musicales. Todo esto con la finalidad de ofrecer el mejor ambiente para motivar y favorecer el espíritu creativo.

Cuando has estado del otro lado puedes comprender mejor lo que se necesita para contar con un entorno más creativo. Larry Page se aseguraba de que sus empleados no tuvieran contratiempos para llegar a la empresa, así que proporcionaba autobuses que los recogían en cualquier parte de la ciudad, tenían programas para el cuidado de los niños y mascotas y una serie de beneficios que permitían que ninguna preocupación limitara el potencial creativo de su equipo. Es así como se materializó Googleplex en California, Estados Unidos, la sede central de Google en la que todos los genios de la tecnología quieren trabajar.

Evidentemente, el personal debía retribuir con creces tales condiciones de trabajo. Page y Brin solían participar personalmente en la selección del personal, pues estaban seguros de que necesitaban tener empleados a la altura de sus exigencias.

No es suficiente ser muy bueno en algo, también necesitas rodearte de los mejores y aprender a obtener lo mejor de ellos. No obstante, también es necesario que las personas que conforman tu equipo se sientan parte importante de la organización.

Exigir excelencia implica estar dispuesto a pagar el precio. Las condiciones ideales para el trabajo creativo que favorece la innovación en ciencia y tecnología se cimienta en un estilo de liderazgo que comprende las necesidades de sus empleados como propias y se asegura de que todas estén cubiertas.

Larry Page ha afirmado que «es importante que las personas sientan que son parte de la compañía y que ella sea como una familia para ellos. Cuando tratas a las personas de esa forma, obtienes mejor productividad».

Este estilo de liderazgo ha permitido que Google sea reconocida por Fortune durante varios años como la mejor empresa para trabajar.

ENCUENTRA UNA MOTIVACIÓN MÁS ALLÁ DEL DINERO Y SIGUE SOÑANDO

Larry Page no contaba con recursos para poner en práctica la idea de Google como modelo de negocio, pero cuando comprendió qué es lo que tenía entre sus manos, no dudó en buscar a los inversores necesarios para hacerla realidad.

No obstante, constantemente ha repetido que el dinero nunca fue el incentivo que él y su compañero perseguían. Como ya hemos dicho, en un principio estaban motivados por una idea de una investigación que les resultaba apasionante, pero con el paso del tiempo, lograr mejorar su obra constantemente fue lo que les hizo mantenerse en un proceso de constante creación.

En palabras del propio Larry Page: «Si estuviésemos motivados por el dinero, hubiésemos vendido Google y estaríamos en la playa», por lo que podemos hacernos una idea de que este hombre siempre persiguió un interés superior. Nunca ha dejado de soñar con hacer realidad un mundo mejor, gracias a las aportaciones de la tecnología.

En su intento por resolver problemas humanos y satisfacer las necesidades de las personas, su espíritu investigador no ha dejado de impulsarle.

El dinero puede ser un buen incentivo, pero cuando apuestas por alcanzar un bien superior, jamás sentirás que has logrado todo lo que te has propuesto. Cuando nos proponemos hacer dinero solamente, puede que nos perdamos la posibilidad de llegar más lejos.

Larry Page puede retirarse a disfrutar de su riqueza, pero es un innovador incansable y se mantiene en diferentes líneas de investigación sobre temas que le apasionan.

A través de Alphabet promueve la formación de nuevos investigadores que le ayuden a hacer realidad sus ideas más ambiciosas.

De hecho, Page ha invertido 100 millones de dólares de su propio dinero en Zee.Aero, una compañía que intenta revolucionar el transporte en el planeta. También se ha interesado por Kitty Hawk, una *start-up* de coches voladores.

Además, a Page se le menciona en proyectos que incluyen el desarrollo de vehículos autónomos y temáticas tan diversas como el tratamiento de enfermedades crónicas y la creación de nuevas fuentes de energía renovables.

Estos sueños nuevos siguen contando con un fin superior: mejorar la vida de las personas a través del acceso a tecnologías vanguardistas.

El legado de Larry Page no deja de crecer. Sus aportaciones a diferentes causas complementan sus esfuerzos por transformar la vida de los seres humanos a través del desarrollo tecnológico bien dirigido y enfocado a estos fines.

En este sentido, atrapar nuestros sueños y hacerlos realidad puede convertirse en la herramienta para crear un cambio en las personas que forman parte de nuestro círculo de influencia y más allá.

18
Amancio Ortega
Inditex

Usa tus dificultades como inspiración

Amancio Ortega es uno de los hombres más ricos de España, pero su legado tiene que ver además con una historia de superación que parece tomada de una película.

El fundador del grupo textil Inditex ha hecho crecer su negocio al punto de albergar reconocidas marcas de ropa, como Bershka, Oysho, Massimo Dutti, Stradivarius y la mundialmente conocida Zara.

Enn 2023, la empresa ha alcanzado números que superan el rendimiento de los últimos seis años, lo que deja en evidencia el buen momento de Inditex en el mundo de los negocios.

El magnate de los textiles se ha caracterizado por tener muy poca presencia en los medios de comunicación y casi nula en las redes sociales. Sin embargo, esto no ha impedido que sea una inspiración para emprendedores jóvenes que ven en Ortega un icono de lo que puede lograrse con trabajo sostenido.

Con una fortuna personal que se estima en unos 440.000 millones de dólares según los analistas de Bloomberg, la inspiradora historia de Amancio Ortega, que se transformó de joven ayudante a un millonario magnate de los textiles, seguirá marcando vidas por mucho tiempo.

APRENDE TODO LO QUE LA VIDA TE OFRECE

Amancio Ortega nació el 28 de marzo de 1936 en Rincón de Busdongo, una localidad de la provincia de León, España. Su padre fue Antonio Ortega Rodríguez, un empleado ferroviario, y su madre, Josefina Gaona Hernández, ambos de Valladolid.

Pasó su niñez en Tolosa, porque su padre fue trasladado por trabajo a esta población, y cuando Amancio tenía 12 años se mudaron a Galicia, donde el destino tendría preparada la oportunidad para que la vida de toda la familia cambiara para siempre.

Amancio demostró que era un joven inteligente que aprendía con facilidad todo lo que se le pidiera. Este aspecto de su carácter le sirvió para iniciarse en lo que sería el negocio de su vida.

Cuando se mudaron a La Coruña, en Galicia, Amancio trabajó como repartidor de la camisería Gala, un próspero negocio local. Más adelante, trabajó con sus hermanos en la mercería La Maja, donde se interesó en los detalles del sector textil y aprendió lo suficiente para imaginarse la posibilidad de tener su propio negocio.

Mientras trabajaba en la mercería, Amancio Ortega conoció a Rosalía Mera Goyenechea, quien en poco tiempo se convirtió en su esposa y en la socia perfecta para el emprendimiento de sus vidas.

Todo el conocimiento que acumularon Amancio y Rosalía sirvió de base para comenzar con su empresa. Convencido de que podía ofrecer su propia versión del negocio de la ropa en la ciudad, Ortega creó una empresa llamada Confecciones Goa, en 1963, cuyo nombre responde a las iniciales de su nombre y apellidos, pero al revés. En un principio confeccionaban batas para señoras, pero con el tiempo construyeron un imperio que luce imbatible hasta nuestros días.

Lo que aprendes puede llegar a ser el capital que necesitas para emprender y comenzar con tu idea de negocio. Amancio no perdió tiempo y comenzó a elaborar lo que creyó que se podía hacer mejor en una industria con la que estaba familiarizado.

A menudo nos detiene el miedo y comenzar con un proyecto se nos hace imposible, en especial cuando no contamos con los recursos para hacerlo realidad tal como funciona en nuestra mente. Sin embargo, contar con un plan puede ser suficiente para dar el primer paso.

Lo demás puede depender de contar con las personas correctas a tu alrededor. Si te rodeas de gente que cree en ti, en tu potencial y en tus habilidades para hacer las cosas, el impulso puede llevarte muy lejos.

USA LAS DIFICULTADES COMO INSPIRACIÓN

La vida de Amancio Ortega no fue sencilla. Desde que era un adolescente tuvo que trabajar para aportar recursos para la alimentación de la familia. Fue precisamente durante su juventud cuando un momento difícil marcó el comienzo de una idea que se transformaría en un imperio de la moda en España y en el mundo entero.

Cuando Amancio era un adolescente tuvo que escuchar que el dueño de una tienda de víveres le decía a su madre que ya no podía fiarle más, haciendo referencia a que doña Josefa debía pagar la deuda que tenía con el vendedor. Aunque no era propiamente su responsabilidad, el desagradable momento es recordado tristemente por el empresario, pero reconoce que le otorgó el empuje que necesitaba para asumir las riendas de su vida y la de su familia en pos de un futuro mejor.

Las situaciones negativas pueden marcarnos de diferentes formas. Muchas personas emplean experiencias difíciles para usarlas de escudo y mantenerse a la defensiva, haciendo responsables a estos momentos oscuros de su destino.

Sin embargo, las cosas que nos incomodan pueden servir de impulso para salir del estado de inconformidad en el que nos encontramos. A menudo descubrimos de qué somos capaces cuando las circunstancias nos obligan a salir adelante.

Puede sorprendernos ver lo lejos que podemos correr cuando nos persiguen los problemas más graves. Aunque las dificultades pueden desestabilizarnos y hacernos caer, levantarnos es el verdadero compromiso. Cada vez que te levantas das un paso hacia adelante, así que asegúrate de tener un destino que perseguir y corre en la dirección correcta siempre. Si puedes usar las dificultades como inspiración, nada podrá detenerte.

MANTENERSE CERCA DEL CLIENTE

El modelo de negocio creado por Amancio Ortega estaba fuertemente orientado a satisfacer las necesidades del cliente. En sus inicios, el joven pudo interactuar con los consumidores y con los dueños de los negocios textiles para los que trabajaba, por lo que tenía mucha información sobre las vivencias de todos los involucrados.

Amancio fue capaz de imaginar cómo mejorar la experiencia del cliente que compraba ropa en aquel momento histórico observando que uno de los elementos principales era el precio, pero que el otro era la oportunidad de ofrecer al cliente justo lo que deseaba.

Proporcionar al consumidor los productos que estaban de moda al más bajo precio era la estrategia que definió el camino del éxito. Ortega se dedicó a idear un sistema que resolviera todos los problemas técnicos que retrasaban la llegada del producto a las tiendas, comenzando por eliminar intermediarios y asegurándose de controlar la producción, la distribución y la venta directa de sus piezas.

En 1975, Amancio Ortega rondaba sus 30 años y abrió la primera tienda Zara en el centro de La Coruña. Desde entonces no ha parado de crecer en España y en el mundo.

Su estrategia de satisfacer al cliente le permitió marcar una diferencia que aún en nuestros días ha logrado que sus tiendas vendan los productos que el cliente desea tener. Además, los tiempos de espera son mínimos, por lo que las prendas de Zara están accesibles en todos sus establecimientos casi al mismo tiempo. Como valor añadido, las colecciones tienen una cantidad limitada de unidades, pues el equipo de diseño actualiza constantemente el stock, respondiendo a las solicitudes y al *rapport* del cliente.

Amancio Ortega llevó la expresión «el cliente siempre tiene la razón» a su máximo nivel y en el proceso descubrió una estrategia de negocio que se reconoce en el mundo como exitosa y, para aquel momento, sin precedentes, en la industria textil.

Su presencia en más de 40 países alrededor del mundo es evidencia de que el modelo centrado en el cliente funciona muy bien.

La experiencia acumulada puede ser la herramienta ideal para inyectar a un negocio la diferencia que necesita para distinguirse entre la competencia. Amancio sabía lo que el cliente deseaba y podríamos suponer que sus competidores también lo sabían. No obstante, fue Ortega y no otro quien se ocupó de responder a esta necesidad y de entregar al cliente más que un producto. Su estrategia era ofrecer un servicio de calidad y una experiencia diferente.

La filosofía de Amancio Ortega ha trascendido a todas las tiendas Zara y las que forman parte del conglomerado Industria de Diseño Textil SA, Inditex, desde su creación en 1985. Nada ha impedido que el grupo cumpla con los fundamentos que guiaron a su padre fundador en la construcción de una marca que pone al cliente antes que todo lo demás.

En años más recientes, Inditex ha trabajado en conocer las demandas del público a través de sus comportamientos y opiniones, dejando que sea este público el que decida qué es lo que desea usar, en lugar de dejar estas decisiones en manos de los diseñadores y fabricantes.

Darle al cliente justo lo que quiere en el menor tiempo posible es el sello que define las características del servicio que ofrecen las tiendas de Inditex, lideradas por Amancio Ortega desde sus inicios.

Además de conocer los deseos del cliente, necesitamos ser creativos para ofrecer la mejor experiencia posible. Aunque existen muchos libros de mercadotecnia y tratados sobre cómo tratar al cliente y ser un mejor vendedor, no hay nada como la experiencia directa con los usuarios para comprender cómo viven el proceso de compra de nuestros productos y cómo este podría mejorar.

LA DIVERSIFICACIÓN COMO ESTRATEGIA DE NEGOCIOS

Cuando Amancio Ortega comprendió que tenía en sus manos un negocio sólido, se animó a hacer inversiones en otros sectores menos conocidos por él, sobre los que tenía ciertos intereses y suponía que podía asegurar el futuro de sus dividendos.

Ortega creció como inversor en el terreno textil, ampliando su grupo al crear o comprar otras firmas de productos. Para ello creó el grupo Inditex, que permitió agrupar a la ya exitosa Zara, con Pull & Bear, Bershka, Oysho, el grupo Massimo Dutti y Stradivarius. Esto le otorgaba solidez a un negocio que comprendía bien y le permitió posicionarse firmemente en el mercado internacional. Sin embargo, estaba listo para crecer en otros sectores.

El patrimonio de Amancio Ortega incluye su participación en sectores empresariales diferentes al textil, como el inmobiliario, el financiero y los concesionarios de automóviles.

Involucrarse en diferentes industrias es una estrategia empleada por grandes inversores en todo el mundo como herramienta para incrementar sus ganancias, pero también para protegerse de las posibles fluctuaciones del mercado. En este contexto, es innegable que el instinto de Ortega para los negocios, así como las relaciones que ha construido a través del tiempo, le han permitido desarrollar una cartera de inversiones que podrá ver con el tiempo.

Esta medida responde a la lucidez de Amancio Ortega como estratega en los negocios. En una oportunidad se refirió a su modelo de gestión empresarial con la siguiente expresión: «Lo peor en los negocios es el exceso de optimismo, es decir, la autocomplacencia». Innovar es la mejor forma de prepararse para todos los resultados, incluso aquellos que podrían no gustarnos.

AYUDA A LOS DEMÁS

Amancio Ortega se ha caracterizado por ser un hombre dedicado a su trabajo, con poca participación en las actividades públicas de su compañía, pero muy activo en cuanto a su funcionamiento y en las actividades que llevan a cabo a través de los beneficios que genera la empresa.

De hecho, en 2001 creó la Fundación Amancio Ortega, con la finalidad de promover la realización de actividades que benefician a la sociedad. Entre estas acciones resalta la aportación de 20 millones de euros a la ONG Cáritas, el mayor donativo de un ente privado recibido por esta institución sin fines de lucro.

También destacan actividades relacionadas con la educación, como otorgar becas estudiantiles, así como realizar grandes aportaciones a la sanidad pública española, destinadas a la lucha contra el cáncer y al acondicionamiento de hospitales con equipos de última generación.

Cuando el planeta se vio afectado por la pandemia de la COVID-19, Amancio Ortega donó 60 millones de euros y puso a disposición las infraestructuras y redes de transporte de Inditex en una muestra de sensibilidad humana y compromiso social.

La conciencia de la capacidad que tenemos para ayudar a los demás es un valor que no debe abandonarnos. Cuando comprendemos que podemos marcar una diferencia en el mundo, tenemos la responsabilidad de hacerlo.

Sin importar nuestra capacidad, el aporte que hacemos a la sociedad es valioso. Nuestra influencia en el mundo es del tamaño de las cosas que hacemos por los demás y en muchos casos tenemos la posibilidad de cambiar la vida de otros, solo con ocuparnos de atender sus necesidades.

No hay aporte pequeño y tampoco es necesario contar con una fundación para hacer llegar nuestra contribución a las causas que nos preocupan. Con frecuencia, el tiempo de dedicación a los demás es la mejor manera de colaborar.

NO HAY LÍMITES PARA INNOVAR Y CRECER

Con el éxito alcanzado por Ortega y su interés por entregar al cliente lo que deseaba, el espíritu creativo e innovador del emprendedor se hizo más fuerte. Lograr mantenerse en el mercado textil durante tanto tiempo y experimentar un crecimiento como el de Zara y todo el grupo responden a la capacidad de reinventarse y mantener al cliente interesado.

La experiencia de Ortega como emprendedor supera los límites de lo que es la moda. La capacidad del fundador de Zara para cuidar los detalles que satisfacen al cliente cubre todos los vacíos. De hecho, se ha encargado de poner sus tiendas al alcance del cliente en todos los espacios posibles.

Una de sus frases más populares dice: ¿«Por qué tener una sola tienda en una calle céntrica cuando puedo tener todas mis tiendas en una misma calle»?, y esta es una de las estrategias que emplea. En las ciudades más importantes suele haber tiendas Zara, Bershka, Oysho y otras del grupo en las principales avenidas y centros comerciales.

Este estilo de vender sus productos incrementa la disponibilidad de las prendas y aumenta la variedad de opciones para el cliente. Adelantarse a las necesidades del usuario sigue marcando la estrategia de Ortega para hacer negocios.

De hecho, todas las tiendas del grupo destacan por el despliegue que se realiza en la exhibición de sus escaparates, que llaman la atención. Además, se actualizan cada 15 días, como una garantía de renovación y constante actualización.

Reinventarse y ofrecer novedades al cliente pone a una empresa en la posición de adelantarse a sus deseos, creando necesidades *antes* de que se presenten a través de atractivos productos y servicios.

La habilidad para hacer crecer un negocio a través del trabajo sostenido y la certeza de que podemos hacer las cosas bien es el resultado de contar con pasión y deseos de superación. La experiencia de Amancio Ortega es evidencia de que podemos usar toda situación adversa para tomar impulso y construir nuestro propio imperio, innovando y creciendo cada día.

19
Samuel Moore Walton
Walmart

Un emprendedor revolucionario

El empresario norteamericano Sam Walton es un icono de los negocios en el mundo entero gracias a que logró crear un imperio en el comercio minorista a fuerza de trabajo duro, dedicación y creatividad.

La cadena de tiendas Walmart, conocida en todo el planeta, es su obra más importante y el motivo por el que ocupó el primer lugar en la lista de los hombres más ricos del mundo durante el periodo comprendido entre 1982 y 1988, según la revista *Forbes*.

Su historia es inspiradora por revelarnos la personalidad de un hombre con un espíritu de superación inquebrantable, que se involucró en cada etapa del negocio para asegurarse de ofrecer al cliente los precios más bajos y una experiencia de compra única.

Aunque no faltaron los contratiempos, Sam Walton estuvo decidido a hacer crecer su idea de negocio a través del cuidado de todos los detalles, asegurándose de que su idea se hiciera realidad.

Walton fue considerado una de las 100 personas más influyentes del siglo XX por parte de la revista *Time* y recibió numerosos reconocimientos que intentaban reivindicar sus aportaciones al mundo empresarial, con sus innovadoras estrategias.

El fundador de Walmart y Sam's Club, dos de las cadenas de venta minorista más grandes del mundo, es un referente para emprendedores de todo tipo, gracias a su creatividad y entrega, valores que le permitieron consolidarse como líder indiscutible y transformador de un importante sector comercial.

EL NACIMIENTO DE UN HOMBRE QUE APROVECHABA TODAS LAS OPORTUNIDADES

Samuel Moore Walton nació el 29 de marzo de 1918 en Kingfisher, una ciudad ubicada en el estado de Oklahoma, Estados Unidos. Su madre era Nancy Lee Lawrence y su padre, Thomas Gibson Walton, quien se dedicaba al trabajo rural en una granja de Oklahoma.

Cuando nació el segundo hijo de la familia, su padre decidió mudarse a Missouri para empezar a trabajar como agente hipotecario, con la finalidad de obtener mayores ingresos para la familia, que estaba en pleno crecimiento.

Este empleo generó constantes mudanzas que permitieron explorar mejores oportunidades para el negocio del padre de familia. El pequeño Samuel comprendió desde temprana edad que para encontrar condiciones de vida ideales es necesario explorar nuevos horizontes de vez en cuando.

Sam aprovechó todas las oportunidades que la vida le proporcionó. Aunque las cosas no siempre salieron bien para la familia, destacó en todos los escenarios posibles. De este modo, fue el *boy scout* más joven de la historia del estado de Missouri, mostró un excelente desempeño en deportes como baloncesto y fútbol americano y fue el presidente de la Columbia David H. Hickman High School.

Durante la Gran Depresión realizó diversos trabajos para ayudar a su familia, vendiendo diarios y suscripciones de revistas y ordeñando vacas. Sin embargo, tenía un profundo deseo por superarse y optar por un futuro mejor, por lo que estudió Economía en la Universidad de Missouri.

Aunque tuvo que trabajar en varios empleos para mantenerse, logró graduarse y se preparó para poner en práctica todo lo aprendido y salir adelante.

Sam Walton no se dio por vencido nunca y estuvo dispuesto a trabajar en lo que fuera para lograr sus objetivos. Su visión le ayudó a mantenerse atento y descubrió rápidamente que el camino al éxito comenzaba con una adecuada educación.

Aprovechar la oportunidad de prepararse para el futuro que deseamos construir es un magnífico punto de partida para el logro de nuestros objetivos. Aunque las dificultades intenten desanimarnos y, eventualmente, lo consigan, lo más importante es perseverar. Los resultados suelen ser beneficiosos.

EL FRACASO PUEDE SER EL MEJOR RESULTADO

Walton tenía en mente crear un negocio propio. Estaba muy interesado en trabajar como comerciante, por lo que en la primera oportunidad que tuvo invirtió en una tienda.

Cuando tenía 27 años dejó el ejército, donde estuvo sirviendo a su país, para dar el primer paso hacia la construcción de su negocio. Con sus ahorros y préstamos de algunos familiares y amigos reunió 25.000 dólares que serían el capital para su primer establecimiento.

En solo 5 años Sam Walton había convertido esta tienda de abarrotes y productos de limpieza en el el negocio más exitoso del estado. Sin embargo, había cometido algunos errores de principiante, pues el dueño de la franquicia aprovechó que el tiempo de contrato había vencido para quitarle el espacio, se negó a renovar el contrato y dejó el lugar en poder de su hijo.

Walton perdió un exitoso negocio, pero no se dio por vencido. Aunque el dueño de la franquicia con la que trabajó creyó que las ventas de la tienda eran altas por su ubicación, el tiempo se encargaría de mostrarle que la verdadera razón era el particular modelo de negocio de Sam.

La mala experiencia obligó a Sam Walton a reinventarse y comenzó a explorar en pueblos pequeños en los que pudiera plantar su semilla. Esta vez, contó con el apoyo de su suegro y de su hermano, quienes aportaron dinero y trabajo para recomenzar en Bentonville, Arkansas.

Walton utilizó la mala experiencia para repetir lo que había salido bien en su primer intento y se cuidó de los errores cometidos, por lo que esta vez se aseguró de firmar un contrato de alquiler por 99 años. Ya nada detendría su ascenso.

Lo que para algunos es una experiencia traumática o desalentadora, otros pueden interpretarlo como una advertencia de que están por venir cosas mejores. Walton no sabía que su mayor crecimiento estaba por verse. Mientras buscaba dónde establecerse por segunda vez, descubrió el potencial que ofrecían pequeños pueblos para su plan de emprender. Pocos años después aprovechó esta experiencia para elegir dónde instalar sus nuevas tiendas.

Las mejores lecciones las aprendemos después de un fracaso, solo tenemos que estar preparados para verlas y, especialmente, para no repetir los errores del pasado.

SIEMPRE SE PUEDE COMENZAR OTRA VEZ

Comenzar otra vez puede ser atemorizante, pues nos enfocamos en el tiempo y los recursos invertidos y nos llenamos de dudas que pueden bloquear que lo intentemos otra vez. Sin embargo, el aprendizaje nos blinda contra nuevos problemas. La experiencia de negocio de Sam Walton es evidencia de que una caída solo puede hacernos más fuertes y, si estamos convencidos de lo que queremos, nos dará el empuje para hacer las cosas mejor en la siguiente ocasión.

El miedo al fracaso es un mal consejero y no es sencillo crecer como emprendedor si no asumimos ciertos riesgos. Si estamos seguros de tener éxito, es fácil tomar el camino correcto, pero la realidad es que solo podemos lanzarnos a la aventura de poner en práctica nuestra idea de la mejor manera posible y apostar todo en ella.

Aunque Sam Walton era un hombre trabajador y optimista, es poco probable que anticipara lo que estaba por suceder. No obstante, estaba convencido de que podía crear algo bueno y jamás desistió.

Con el paso del tiempo creció hasta crear Walmart, una cadena con más de 1.900 supertiendas y con ganancias millonarias.

DESCUBRE QUE A VECES MENOS ES MÁS

Walton es una referencia para los emprendedores de todo el mundo porque marcó una diferencia en el estilo de negocio que predominaba en su época, rompió algunos paradigmas y logró ofrecer al público un sistema que era revolucionario.

Una de sus características era buscar pequeños pueblos donde ubicar sus tiendas, aquellos que no eran considerados por los grandes supermercados de la época. De este modo, satisfacía la necesidad de un grupo de personas que le serían fieles y, gracias a su estrategia de precios bajos, lograba que ningún otro competidor se atreviera a instalarse en la ciudad.

La experiencia que Walmart ofrecía al cliente era innovadora, pues garantizaba grandes descuentos y autoservicio, variables que el público no tenía, a menos que viajara a las ciudades donde se encontraban las tiendas más grandes.

Sam Walton defendía su estrategia de vender barato a través de la compra de grandes cantidades de mercancía. Se apoyaba en productos nacionales y los vendía con un mínimo margen de ganancia. Su apuesta era generar ingresos a través de la venta de grandes cantidades de producto.

Nadie creía que su negocio crecería con márgenes de ganancia tan bajos. Sin embargo, Sam estaba convencido de que los clientes estarían tan satisfechos al ahorrar en sus tiendas que jamás dejarían de hacer sus compras allí, y tuvo razón. El sacrificio del margen de ganancia se tradujo en tales incrementos en las ventas que el crecimiento de la cadena fue vertiginoso.

Innovar es difícil pero necesario. Sin embargo, para hacerlo es imprescindible atreverse a cambiar las cosas. Ganar menos dinero por nuestros productos o servicios pero apoyados en una estrategia apropiada, puede significar grandes beneficios, en especial relacionados con la fidelidad del cliente.

Si el producto que ofrecemos es de calidad y proporcionamos una experiencia innovadora, contaremos con la competitividad suficiente para darnos a conocer y construir una cartera de clientes que sea sostenible y fiel. Para crear un nicho como el de Sam Walton debemos pensar que, muchas veces, menos es más.

USA LA TECNOLOGÍA PARA GANAR MÁS

Walton estuvo adelantado a su época en muchos aspectos. Una vez convencido de que su estrategia de negocio tendría que asegurar al cliente el precio más bajo del mercado, comenzó a trabajar en el logro de un sistema de trabajo que hiciera sostenible la idea de satisfacer todas las necesidades del cliente.

En este sentido, siempre buscó maneras de hacer que la experiencia del cliente fuese agradable, así que exigía que los estantes siempre estuviesen llenos de productos, organizados de manera atractiva y disponibles para que el cliente los tomara cómodamente.

Además, no dudó en incorporar una tecnología de lectores de código de barras en cada caja registradora, lo que aseguraba que el proceso de pago se realizara rápidamente y, adicionalmente, permitía a la tienda contar con un inventario en tiempo real para reponer todos los productos antes de agotarse.

La tecnología facilitó todos los procesos de comunicación y se convirtió en una herramienta para explorar el comportamiento del cliente y descubrir sus preferencias en atención a lo que compraba.

Walton no tuvo miedo. Se aseguró de contar con la mejor tecnología para cumplir su objetivo de ofrecer lo mejor al cliente.

Con frecuencia dudamos ante lo desconocido y puede que la tecnología y sus productos puedan resultarnos intimidantes, especialmente en este momento de cambios acelerados.

La experiencia dice que si empleamos los avances de la ciencia a nuestro favor podemos anticiparnos a nuestros competidores y ganar un terreno importante para consolidar nuestro emprendimiento. Si la tecnología que necesitas para avanzar en tu negocio está disponible, aprende a usarla y comienza a ganar más.

ROMPE ALGUNAS REGLAS Y COMPLACE AL CLIENTE

Sam Walton aprendió todo lo necesario para dedicarse al comercio al por menor. Descubrió cómo funcionaba este negocio y, después, rompió algunas reglas básicas en su plan de hacer las cosas mejor para el cliente.

Se enfocó en los pueblos rurales para llevar un modelo novedoso de autoservicio y oferta a las que no estaban acostumbrados. También descubrió que en estos pueblos pequeños, con pocos habitantes, solo podía existir una gran tienda, por lo que se aseguraba de que ningún competidor se animaría a instalarse donde ya estaba Walmart.

Además, creó alianzas con proveedores de gran tamaño y empresas que tenían que comprometerse con sus valores de servicio de calidad a bajo precio, con lo que garantizó que podía proporcionar al público lo que ofrecía.

La regla más importante que Walton rompió fue la de mantener amplios márgenes de ganancia, como tradicionalmente se hacía. Sam hizo todo lo contrario y trabajó con mínimos márgenes de beneficios. Su plan de vender más para garantizar el crecimiento de los ingresos era revolucionario y arriesgado, al punto de que muchos emprendedores del momento no le daban crédito. Sin embargo, los resultados fueron más que satisfactorios.

Complacer al usuario es la finalidad de tu empresa. Walton solía decir: «Concéntrate en algo que quieren los clientes y luego entrégalo», y este puede ser el verdadero secreto de su éxito. Enfocarse en darle al comprador el precio más bajo implica romper algunas reglas básicas, pero es tu creatividad la que debe resolver cómo hacerlo.

PRACTICA EL LIDERAZGO DE SERVICIO

Walton y su esposa Helen fueron un matrimonio dedicado a la iglesia. Por ello, siempre estuvieron interesados en participar en las actividades que en ella se organizaron y apoyaron diferentes causas benéficas como una manera de servir a los demás.

De hecho, Walton solía dar clases en la escuela dominical en la Primera Iglesia Presbiteriana en Bentonville e hizo importantes aportaciones económicas a la congregación.

Sam Walton creía en la idea de un liderazgo de servicio inspirado en el legado de Cristo como líder servidor.

Estos principios se empleaban en la estructura corporativa de Walmart, como una manera de asegurar que todos los miembros de la organización sirvieran a los demás, basados en las ideas del cristianismo.

Esta filosofía responde al interés de influir positivamente en los demás. Más allá de las preferencias religiosas que todos tenemos, seguir un ideal de servicio nos permite vivir en empatía con el mundo, considerando la ayuda a los demás como un estilo de vida.

Vivir para servir a otros nos ayuda a no perder de vista las necesidades ajenas y es una excelente estrategia para contar con una perspectiva amplia que nos deje ver las dificultades que otros deben sobrellevar.

SÉ UN EMPRENDEDOR REVOLUCIONARIO

Sam Walton fue un emprendedor que revolucionó el comercio al por menor y se enfocó en complacer las necesidades del cliente como estrategia de ventas.

Además, este hombre de negocios supo rodearse del equipo apropiado para convertir en realidad sus ideas. Se involucró con su hermano y su suegro, pero también comprendió que podría invitar a los mejores vendedores de su primera tienda para replicar sus acciones en los nuevos establecimientos.

Walton se esforzó por transformar todo lo que veía, nadando contracorriente para alcanzar mejores resultados. El trabajo constante con sus empleados le ayudó a construir fuertes lazos que se convirtieron en sólidas bases para el negocio que cambió sus vidas.

El miedo no puede tener espacio si deseamos marcar nuestra huella en el mundo. Cuando ambicionamos lograr grandes cosas debemos estar seguros de que estamos dispuestos a ser innovadores y creativos, en pos de distinguirnos de nuestros competidores.

Si encontramos la manera de complacer al cliente como lo hizo Sam Walton, tenemos la mitad del camino recorrido en nuestra propia revolución del mercado.

20
Carlos Slim
Grupo Carso

Aprovecha todas las oportunidades

Carlos Slim es el hombre más rico de México y uno de los más poderosos del mundo. Su gran influencia en el mundo empresarial se debe a su habilidad para hacer inversiones, en especial algunas que han transformado negocios que han estado al borde de la quiebra en verdaderos éxitos corporativos.

El grupo Carso, creado por Slim, es un conglomerado que agrupa a una enorme variedad de industrias, pero es en el mundo de las telecomunicaciones donde ha dejado su huella más profunda, especialmente en Latinoamérica.

Aunque entre los años 2010 y 2013 estuvo en el puesto número uno de la lista de los hombres más ricos del mundo, según la revista *Forbes*, en 2023 ocupa la posición 21 de la misma. La fortuna actual de Carlos Slim está en el orden de los 95.200 millones de dólares.

Este hombre de un innato talento para los negocios ha demostrado que siempre es posible invertir en negocios que tal vez no son tan conocidos. Para un empresario de esta envergadura, la meta no es triunfar en los negocios, sino hacer que el dinero se multiplique. Una de sus frases más conocidas es: «En la riqueza misma, lo importante no es cuánto se tiene, qué se tiene; sino qué se hace con ella».

Slim siempre ha intentado mantener su patrimonio en movimiento, entrando en diferentes industrias para buscar nuevas oportunidades de crecimiento. Además, se ha preocupado por lograr que sus recursos sirvan para hacer del mundo un lugar mejor a través de la Fundación Carlos Slim.

UNA FAMILIA DEDICADA A EMPRENDER

Carlos Slim Helú nació el 28 de enero de 1940 en Ciudad de México. Su padre fue Julián Slim Haddad, un inmigrante libanés que llegó al país a los 14 años, un trabajador incansable que forjó su destino y el de su familia con su espíritu entusiasta. La madre de Carlos Slim fue Linda Helú, mexicana descendiente de libaneses.

Carlos era el quinto de seis hijos y desde niño aprendió el valor del dinero gracias a las enseñanzas de su padre, que había logrado levantarse como un empresario prominente a fuerza de trabajo. Julián Slim hacía que sus hijos tomaran apuntes de los gastos semanales que hacían, de modo que eran responsables de administrar su propia semanada y aprendieron rápidamente el concepto de ahorro.

Nunca es demasiado pronto para recibir educación financiera. De hecho, es una de las necesidades más urgentes de los sistemas educativos contemporáneos, que se caracterizan por ofrecer poca o ninguna información relacionada con la manera de administrar el dinero.

Aprender desde niños la importancia de gestionar correctamente los gastos puede ofrecer grandes ventajas. Por un lado, es más fácil comprar bienes y servicios si tenemos conciencia de nuestros ingresos y gastos, y, por el otro, si contamos con un plan o presupuesto es más difícil ceder ante la tentación de realizar gastos que no estén planificados.

Carlos Slim sabía tanto sobre finanzas que a los 12 años logró comprar acciones del Banco Nacional de México. Puede parecer exagerado, pero exponer a un niño a este tipo de información es una ventaja para el adulto del futuro.

El ahorro y la inversión eran parte importante de su vida, tanto como lo era de toda su familia, así que era cuestión de tiempo que se abriera su propio camino en los negocios.

A los 25 años, Carlos Slim estaba creando Inmobiliaria Carso, empresa pionera del futuro Grupo Carso. Inspirado en su propio nombre y en el de su esposa Soumaya Domit Gemayel, Carso fue, y continúa siendo, sinónimo de fortaleza y solidez empresarial.

Convencido de lo que quería hacer, animado por el éxito de su padre y acompañado de las ideas de sus hermanos, Carlos Slim siempre supo cómo prepararse para grandes acontecimientos.

Aunque deseaba tomar su propio rumbo en los negocios, antes se dedicó a estudiar y obtuvo un título de Ingeniero Civil en la Universidad Nacional Autónoma de México (UNAM), donde también impartía la cátedra de Álgebra y Programación Lineal, es decir, era alumno y profesor al mismo tiempo.

INVIERTE TODO Y DIVERSIFICA TUS NEGOCIOS

No es sencillo enumerar la trayectoria de Carlos Slim en los negocios, pues la lista de sus inversiones, adquisiciones y fusiones no solo es extensa, sino que incluye tantos negocios diferentes que sería arriesgado intentar hacer mención de todos ellos.

Lo que sí podemos es pensar en su habilidad para acertar en la toma de decisiones. Tuvo tropiezos, todos con pérdidas millonarias, pero su convicción por mantener su patrimonio en movimiento le condujo a embarcarse en las más diversas inversiones.

De este modo, el Grupo Carso cuenta con empresas relacionadas con el sector inmobiliario y de la construcción. Son dueños de Minera Frisco, que se ocupa de la explotación de oro, plata, plomo y zinc, así como del Grupo Financiero Inbursa, que proporciona servicios bancarios y de seguros. Además, han adquirido cadenas hoteleras, franquicias de pastelerías, poseen la cadena de tiendas departamentales Sanborns y, entre sus adquisiciones más famosas y llamativas, está la compra de 9,1 millones de acciones de clase A de *The New York Times*.

Carlos Slim aprendió de su padre la importancia de vivir modestamente hasta que las ganancias permitieran mayores comodidades. Además, defendió y practicó la reinversión de todas las ganancias que generaba Carso en sí mismo, de modo que apostaba por un crecimiento que se basaba en la acumulación de los beneficios.

Convertirse en uno de los hombres más ricos del mundo tuvo que ver con las excelentes decisiones que tomó, las buenas inversiones que realizó y las oportunidades que aprovechó, pero también fue una consecuencia directa de su paciencia y visión de futuro.

Muchas de las personas más poderosas del planeta han logrado desarrollar ideas que se centraron en grandes descubrimientos tecnológicos o en el desarrollo de una marca, franquicia o modelo de gestión empresarial.

Sin embargo, Carlos Slim utilizó la diversificación y un extraordinario instinto para la inversión, para levantar un imperio que es referencia en todos los continentes y que además le ha permitido hacer aportaciones a la humanidad a través de sus actividades filantrópicas. Intentar mejorar el mundo es una de las acciones más significativas que ha logrado hacer este emprendedor, gracias a sus estrategias empresariales.

CAMBIA EL MUNDO PARA MEJOR

La creación de la Fundación Carlos Slim marcó el comienzo de una etapa en la que su presidente se dedicó a trabajar de forma incansable por cambiar el mundo para bien.

Con esta organización sin ánimo de lucro, Carlos Slim pudo darles forma y estructura a sus actividades filantrópicas dirigidas a beneficiar a los grupos más vulnerables.

También se apoyó en la Fundación Telmex para crear programas de educación, salud, desarrollo humano, medioambiente, deporte y apoyo en situaciones de desastres naturales. Esta organización ha logrado beneficiar a miles de personas en México y toda Latinoamérica a través de sus actividades de promoción y desarrollo, convirtiéndose en una de las más importantes del continente.

La visión de Carlos Slim para proporcionar mejores condiciones de vida para los mexicanos y para la humanidad en general ha permitido cambiar vidas y conseguir una importante diferencia. De hecho, sus labores filantrópicas son uno de sus legados más valiosos.

El rescate y protección de la cultura y el patrimonio histórico también han sido importantes para Slim. Entre sus obras se cuenta la creación del Museo Soumaya, construido por el empresario como un homenaje a su esposa Soumaya Domit, fallecida en 1999, quien era una apasionada coleccionista de obras de arte. Además, Carlos Slim es responsable de la Fundación del Centro Histórico de la Ciudad de México, que permitió rescatar esta zona, patrimonio de la humanidad.

Sus contribuciones con el desarrollo social y la protección del medioambiente también son de resaltar entre las aportaciones de Slim.

Es inspirador conocer hasta dónde es posible involucrarse con los demás detrás del trabajo. La preocupación por la pobreza, las enfermedades, la contaminación del planeta, la disminución de la calidad educativa y el poco desarrollo tecnológico de la región han sido puntos importantes para Carlos Slim y los ha atendido a través de todas las vías posibles.

Beneficiar a la sociedad siempre es una acción que se traduce en bienestar para todos, tanto para quienes reciben ayuda como para quienes la ofrecen.

APROVECHA TODAS LAS OPORTUNIDADES Y TEN PACIENCIA

Cuando cuentas con recursos casi ilimitados, puedes atreverte a hacer inversiones arriesgadas. Sin embargo, esto no significa que sean decisiones sencillas de tomar, puesto que cada operación de este tipo puede involucrar cientos de millones de dólares.

No obstante, cuando asumes tu papel de inversor, debes estar atento a las oportunidades que se presentan y llenarte de paciencia para ver cómo los beneficios empiezan a aparecer con el paso del tiempo.

Uno de los factores que más limita nuestra capacidad para participar en una oportunidad de negocio que puede parecer arriesgada es la expectativa de obtener dividendos a corto plazo. Este no es un razonamiento descabellado, por el contrario, todos deseamos recibir nuestra recompensa en el menor tiempo posible.

Sin embargo, algunas de las oportunidades más grandes se esconden detrás de operaciones que podrían parecer demasiado peligrosas y acarrear potenciales pérdidas de gran envergadura.

La historia de Carlos Slim es la de un hombre atrevido en los negocios que aprovechó todas las oportunidades y se arriesgó a invertir, confiar y esperar. Su paciencia arrojó los mejores dividendos.

Algunas de las operaciones más lucrativas de Slim resultaron de la adquisición de algunas empresas del estado mexicano que fueron vendidas como medida para paliar la profunda crisis económica que atravesaba.

El caso más importante es, sin duda, el de la compañía telefónica estatal Telmex. Además de aprovechar la oportunidad para invertir en ella, Slim reconoció el potencial de la telefonía móvil, que apenas se iniciaba en el país.

El visionario Carlos Slim pensó en aumentar la clientela de la telefonía celular en una población deprimida económicamente a través de la venta de tarjetas de prepago, que permitían al cliente acceder al servicio haciendo un importe pequeño que podían recargar en cuanto lo necesitaran.

Con esta idea revolucionaria, Slim obtuvo grandes beneficios y extendió su radio de acción a otros países latinoamericanos cuyas empresas de telefonía habían quebrado, haciendo inversiones en todas ellas e implementando su estrategia de prepago.

De este modo nació América Móvil y creció la fama de Carlos Slim como magnate de las telecomunicaciones en toda Latinoamérica.

Las oportunidades no deben sorprenderte. Prepararse para ellas implica que muchas veces debemos salir a buscarlas y tomarlas en cuanto se presentan. Nadie está en mejores condiciones que tú para reconocer un buen momento cuando llega; si el miedo te paraliza puedes dejarla escapar, así que es necesario tener una mentalidad positiva y disponerse a trabajar duro por lo que quieres.

El mercado mundial de venta de telefonía móvil jamás volvió a ser el mismo después de la implementación del método prepago. Estar listo para una oportunidad también implica contar con una mentalidad abierta a la innovación y plena disposición a doblar la apuesta cuando tienes la certeza de que has descubierto la idea ganadora.

Ni siquiera los socios de Slim en la negociación por Telmex estaban contentos con la idea de implementar el sistema de prepago. No existía nada parecido, así que no había manera de anticipar lo que sucedería. Pero Carlos Slim se mantuvo firme y desplegó su plan en toda la región.

Atreverse es necesario cuando estás seguro de lo que ves. Todo el dinero del mundo no es garantía de éxito en los negocios. Ciertamente, contar con un patrimonio económico multimillonario ofrece grandes ventajas, pero es evidente que no basta. Mientras más dinero tienes, más puedes perder, así que, en perspectiva, las decisiones son igualmente difíciles.

No esperes convertirte en millonario de un día para otro. A menudo la paciencia es el ingrediente que falta para completar una estrategia que hemos planificado bien o en el momento de aprovechar una buena oportunidad.

Aprovecha todas las oportunidades y ten paciencia, esa es una estrategia ganadora al estilo de Carlos Slim, un hombre que aprendió a ganar dinero desde niño, pero que además desarrolló la habilidad de reconocer un buen negocio cuando lo es.

21
Fred Smith
FedEx

El éxito llegará aunque saques una C

El hombre detrás de la mundialmente conocida empresa FedEx es Fred Smith, emprendedor entusiasta, soñador empedernido y magnate de los negocios que transformó la industria del transporte con su visión y vocación hacia el trabajo.

La historia de Fred Smith es inspiradora para cualquier emprendedor que tiene un sueño y cree en él. Su afición por los aviones se transformó en una idea de negocio que pretendía hacer entregas eficientes, usando el horario nocturno, en un intento por contrarrestar la lentitud de los servicios tradicionales.

Su resiliencia y capacidad para superar obstáculos lo han convertido en uno de los hombres más poderosos del mundo, con un patrimonio estimado de 5.300 millones de dólares en 2023.

El fundador y CEO de FedEx es un líder con un estilo transformador, preocupado por el bienestar de sus empleados, de quienes suele recibir la mayor lealtad y fidelidad. Además, ha dejado su huella en el mundo de la filantropía, apoyando diferentes causas que le han merecido diversos reconocimientos.

A 50 años de su creación, FedEx conecta a más de 220 países, la conforman unos 530.000 miembros a nivel global y continúa siendo pionera en materia de transporte. Fred Smith es un líder indiscutible en el mundo de la logística.

SI TIENES UN SUEÑO, VUELA TRAS ÉL

Frederick Wallace Smith nació el 11 de agosto de 1944 en Marks, Mississippi, Estados Unidos. Su padre era un millonario que también llevaba el nombre de Fred Smith, un hombre que construyó su propio imperio, llegando a consolidarse en diversos sectores, como la cadena de restaurantes Toddle House y la Smith Motor Coach Company.

Con este comienzo, las cosas deberían salir muy bien para el pequeño Fred, pero cuando contaba con apenas 4 años su padre falleció prematuramente. Fred Smith Jr. fue educado desde entonces por su madre, Sally Wallace.

Adicionalmente, Fred fue diagnosticado con artritis desde muy temprana edad, por lo que tuvo una niñez difícil, aunque a los 10 años logró superar la enfermedad.

No es sencillo salir adelante con la ausencia de uno de los progenitores. Incluso cuando el dinero podría no ser un problema, la falta del padre o la madre es una situación que afecta severamente al desarrollo emocional de un niño. Sin embargo, Fred Smith pudo crecer como un niño lleno de sueños y, en cuanto logró ponerse de pie, fue a por ellos.

Fred Smith no dejó pasar la oportunidad para practicar fútbol americano, el deporte que tanto le gustaba y, de hecho, se convirtió en un excelente jugador. Además, otro de sus sueños era volar y a los 15 años obtuvo su licencia de piloto aficionado.

Los primeros pasos de Fred Smith estuvieron llenos de una intensa ambición por hacer lo que no podía antes por sus problemas de salud y ese empuje lo llevó más lejos de lo que se podía anticipar entonces.

Los sueños de un niño pueden ser un aliciente poderoso que no debe ser destruido. Cuando crecemos convencidos de que podemos hacer grandes cosas, pese a las dificultades, aparecen oportunidades por todas partes y nos atrevemos a ponernos manos a la obra.

EL ÉXITO LLEGARÁ, AUNQUE SAQUES UNA C

Fred Smith tenía muchas oportunidades de convertirse en un materializador de sueños y se ocupó de aprovecharlas todas. Su educación le permitió contar con las herramientas para los negocios y le abrió los ojos a los proyectos más ambiciosos.

Mientras estudiaba Economía en la Universidad de Yale, por solicitud de un profesor, elaboró un trabajo final en el que Fred desarrolló un servicio de entrega confiable y eficiente, que hiciera uso del horario nocturno, cuando los aeropuertos y las vías de comunicación suelen estar más despejados.

Cuando tienes una buena idea de negocio, realmente piensas y sueñas en ella, y todo lo que haces y lo que ves tiene relación con ella. Todas tus acciones están dirigidas a construir y a darle forma a este sueño; la pasión hace esas cosas.

Aunque Fred Smith obtuvo una C como calificación en ese trabajo, la semilla de la innovación ya estaba creciendo en su mente, así que todo lo que hacía a partir de este momento contribuía a la creación de su empresa de entregas.

Ni su profesor ni nadie lograron hacer que Smith desistiera de su idea; por el contrario, todo cuanto hizo después fue incorporando piezas importantes y necesarias para ponerla en práctica.

Cuando Fred Smith terminó sus estudios universitarios se alistó en los Marines de los Estados Unidos y cumplió el servicio militar en Vietnam. Apesar de la inhóspita situación, siguió manteniéndose atento y aprendió todo lo que pudo.

La experiencia adquirida en el entorno militar le permitió conocer cómo funciona la logística que posibilita transportar soldados, alimentos y todo tipo de provisiones en el campo de batalla. Fred descubrió cómo se realizaban las entregas y, a partir de allí, nada podría detenerlo.

Todas las situaciones que se presentaban en la vida de Fred Smith se relacionaban de alguna manera con aquella idea que rondaba por su cabeza como un pensamiento recurrente, así que puso en práctica todo su conocimiento y comenzó otra larga etapa que lo llevaría, finalmente, a la construcción de su negocio.

Cuando estamos convencidos de lo que queremos hacer, hasta la idea más descabellada es posible para nosotros. Las ideas creativas suelen causar cierto rechazo o incredulidad, porque a menudo parecen absurdas o poco probables de llevar a cabo.

Cuanto más originales sean tus ideas, más probable es que encuentres personas que no te apoyen o intenten hacerte desistir. Sin embargo, aunque debes ser lo suficientemente flexible para mantenerte alerta durante el proceso, debes conseguir que nadie te imponga sus ideas pesimistas.

Aunque el comienzo pueda parecer complicado, el éxito terminará por llegar.

PASO A PASO SE LLEGA LEJOS

El principio de todo negocio está lleno de expectativas que deseamos llenar para sentir que vamos por el camino correcto. No obstante, puede que tengamos que avanzar a pasos cortos pero seguros, hasta atrevernos a tomar velocidad y alcanzar la meta.

Cuando terminó su servicio militar, Fred Smith comenzó a darle forma a su idea de negocio y comenzó a buscar los recursos para hacerlo. Smith recibió una herencia de su padre de 4 millones de dólares, una pequeña fortuna que le hubiera permitido retirarse muy joven y vivir cómodamente el resto de su vida.

Por el contrario, lo que Fred hizo fue comprar Ark Aviation Sales, una empresa dedicada al mantenimiento de aeronaves, que más tarde también usaría para la compra y venta de aviones. Estos eran los primeros pasos para contar con los recursos que necesitaba para su ambicioso negocio.

Una vez consiguió 90 millones de dólares procedentes de inversores de capital de riesgo, Fred Smith fundó la Federal Express Corporation, el nombre con el que bautizó a una compañía que ofrecía un servicio de entrega de paquetes durante las 24 horas del día.

La paciencia de Fred le ayudó a dar los pasos correctos y oportunos para hacer realidad su proyecto de fundar la primera empresa de entrega rápida y nocturna del mundo.

El éxito no llegó inmediatamente. En poco más de dos años de operaciones acumuló millones de dólares en deudas, consecuencia de malas decisiones y de los altos costos del combustible. Incluso se publicaron reportajes en los que se afirmaba que Fred Smith fue a Las Vegas a intentar ganar suficiente dinero para salvar a la empresa apostando al *blackjack*.

Lo cierto es que la perseverancia de su creador y la paciencia e inteligencia para operar bajo presión permitieron que la compañía ya en 1978 saliera a bolsa y retomara el vuelo hacia el éxito que había iniciado.

SÉ UN LÍDER QUE CREE EN SU EQUIPO

Una idea innovadora suele venir de un líder con una personalidad fuera de lo común. Tal es el caso de Fred Smith, que se ha caracterizado por desarrollar un estilo de liderazgo muy auténtico, a la medida de la empresa que ha creado con tanto empeño.

Muchas de las frases famosas de Fred Smith tienen que ver con sus ideas en torno a la gestión de su organización, la filosofía empresarial y el modelo de liderazgo que pone en práctica.

El trato con sus empleados suele ser cordial, pues está convencido de que cada uno es la verdadera imagen de la empresa. Su carisma y espíritu motivador se han convertido en las herramientas que mejor han funcionado para ganar la confianza y la lealtad de su personal.

Cuando consideras a los miembros de la organización como parte de tu equipo, tiendes a involucrarte más con ellos, incluso a participar de forma activa en la selección de los cargos de mayor nivel, con el fin de contar con las personas mejor calificadas, con las competencias y valores que esperas encontrar en una empresa como la tuya.

El compromiso de un líder empresarial no está en la responsabilidad de hacer dinero, sino en garantizar que todas las operaciones de la organización marchen correctamente. Esto comienza por contar con el mejor talento humano, pero, además, que estas personas contratadas se sientan satisfechas con el trato y los incentivos que reciben.

El lema de Fred Smith es «Gente – Servicio – Utilidades», tres elementos que forman el equilibrio ideal entre el bienestar de las personas que forman parte de la compañía, la calidad del servicio que se presta al cliente y la cantidad de utilidades que recibe la empresa.

Como líderes, no debemos perder de vista ninguno de estos elementos. La salud de una organización comienza con el bienestar de sus empleados, pues son ellos los encargados de interactuar con el cliente y asegurarse de que sus demandas sean satisfechas.

Tienes que creer en el equipo, porque como diría Fred Smith, fuiste tú quien lo puso en ese puesto. Para él, «un gerente no es una persona que puede hacer el trabajo mejor que sus empleados, es una persona que puede hacer que estos hagan un trabajo mejor que él».

Con esto en mente, hay que asumir un estilo de liderazgo que promueva la participación del equipo y facilite el desarrollo del talento de cada uno de los miembros.

AYUDA A TU COMUNIDAD

Ser un magnate y pionero de la logística en el mundo te convierte en una persona con grandes posibilidades de ayudar a los demás. Fred Smith se ha dedicado a participar en múltiples actividades filantrópicas alrededor del mundo.

A través de la responsabilidad corporativa de FedEx, Smith se ha involucrado en el apoyo a organizaciones humanitarias como la Cruz Roja Estadounidense, Direct Relief, Team Rubicon, el Ejército de Salvación y World Central Kitchen.

También cuenta con un programa de participación comunitaria global llamada FedEx Cares, que promueve hacer un trabajo en red para el mejor empleo del tiempo y los recursos de la empresa. Además, Fred Smith se preocupa por el cuidado y la sostenibilidad del planeta, por lo que la compañía sigue un minucioso control de sus emisiones de carbono y tiene el propósito de alcanzar la meta de operaciones neutrales en 2040.

Ayudar a la comunidad es un propósito superior que todos podemos alcanzar y cuyos ideales son ilimitados. Todo lo que te preocupa está dentro de tu radio de influencia en alguna medida.

Lo único que no es lícito es mantenernos indiferentes ante las cosas que pasan a nuestro alrededor o esperar que otros se ocupen de ellas. Aprender a hacer aportaciones a la comunidad y al planeta no es una tarea para empresarios e inversores, sino que es un objetivo que todos deberíamos perseguir por un mundo mejor.

El espíritu de prestar un servicio de calidad a la comunidad ha permitido que FedEx participe activamente en misiones tan importantes como la entrega de insumos médicos y vacunas, en el caso de la reciente pandemia. En ese momento tan crítico, Fred Smith afirmó que «en FedEx, no tenemos mayor prioridad que hacer que las vacunas contra la COVID-19 se entreguen a tiempo y en los lugares correctos». De este modo, la empresa realizó entregas en los Estados Unidos, pero también en Indonesia, India, México, Uruguay y en todos los rincones en los que fue requerido.

NO DEJES DE INNOVAR

Las personas creativas no dejan de pensar constantemente en diferentes maneras de hacer las cosas para que funcionen mejor, o simplemente para que funcionen de forma distinta. Esta es una gran ventaja, ya que siempre es necesario transformar nuestros productos y servicios, en especial en un mundo tan competitivo como en el que vivimos.

No obstante, una vez nos sentimos en la cima del éxito, puede que demos por sentado que ya hicimos lo suficiente y que no es necesario que nos esforcemos más, sencillamente porque todo marcha bien. Existen muchas historias desastrosas que narran la caída de grandes imperios que se negaron a transformarse y murieron en la obsolescencia. La innovación no puede dejar de ser una obligación en el mundo empresarial contemporáneo.

El caso de Fred Smith a la cabeza de FedEx es referencia de la flexibilidad de una empresa con 50 años en el mercado que además ha sido pionera en cuanto a la actualización y el empleo de la tecnología para ofrecer cada vez una mejor experiencia al cliente.

La competencia de FedEx sigue siendo fuerte y en años más recientes ha visto aparecer a un gigante tecnológico que también hace alarde de proporcionar un excelente servicio de entregas, como es el caso de Amazon.com.

El punto fuerte de Fred Smith liderando las operaciones de FedEx es que asumió desde el principio la mejora continua como una forma de funcionamiento, asegurando que su empresa no quedara rezagada en términos del avance de la tecnología.

Con la llegada de internet, la economía se volvió un fenómeno global, lo mismo que el comercio, por lo que la empresa tuvo que mantenerse a la vanguardia para anticiparse a las necesidades de sus clientes en todas partes del mundo.

Fred Smith comenzó sus operaciones en algunos estados de los Estados Unidos, pero en poco tiempo realizaba entregas en Asia y Europa. En 1994 se creó fedex.com, el primer sitio web de transporte que permitía a los usuarios hacer un seguimiento del estatus de su producto, completamente en línea. Un par de años después, los clientes ya podían procesar envíos desde la web.

FedEx es un modelo de gestión organizacional que ha sabido mantenerse en el tiempo gracias a que su creador no ha escatimado esfuerzos en satisfacer a sus clientes, ofreciendo un servicio seguro, moderno y cada vez más rápido.

Cuando la innovación forma parte de tu filosofía de negocios, no debes preocuparte por quedarte en el pasado. La pandemia de la COVID-19 nos dejó amargas lecciones en el entorno empresarial. Cerrarnos a la posibilidad de mantener actividades a través del trabajo remoto, el miedo de entrar en las ventas *on line*, el temor a perder los puntos de ventas *off line* y, en definitiva, el miedo a reinventarse es una camisa de fuerza de la que nos debemos liberar.

Tenemos la responsabilidad de aprender de los errores propios y ajenos, tanto como de las experiencias de éxito, como la de Fred Smith. Las dificultades no dejarán de presentarse solo porque sigamos un camino abierto a la innovación, pero sin lugar a dudas, seguir esta senda nos mantendrá preparados para responder con mayor rapidez.

22

Mark Zuckerberg

Facebook

El joven que conectó el mundo

Mark Zuckerberg es el creador de Facebook, la red social más famosa del mundo. Este empresario y programador saltó a la fama y al selecto grupo de los hombres más ricos después de lograr implementar su idea de conectar a las personas en todo el planeta.

Para dar forma a su plan inicial, Zuckerberg trabajó con sus compañeros de la Universidad de Harvard, Eduardo Saverin, Dustin Moskovitz y Chris Hughes. Además, el coordinador de ciencias de la computación de la universidad seguía de cerca los avances del grupo.

Aunque no han faltado las controversias desde sus días de universitario hasta la fecha, la verdad es que Mark Zuckerberg se ha convertido en un icono de la innovación y el emprendimiento. En la actualidad es el presidente y CEO de Meta, empresa que agrupa los productos, servicios y aplicaciones que ofrecen, además de Facebook, Instagram y WhatsApp.

La lista de los reconocimientos que ha recibido es larga. Mark puede hacer alarde de ser el multimillonario más joven en unirse a The Forbes 400 y el más joven en estar entre los diez primeros.

La creación de Zuckerberg se mantiene como la red social más utilizada, con casi 3.000 millones de usuarios en todo el mundo.

Facebook revolucionó la forma en que las personas se comunican y comparten información en línea. Su fundador sigue en una apasionada carrera por innovar y mejorar la calidad de los servicios que ofrece al público.

A pesar de su corta edad, Mark Zuckerberg se dejó llevar por un sueño que ocupaba su tiempo y espacio, y no descansó hasta verlo convertido en la realidad que ni siquiera él mismo pudo anticipar.

NACE UN NIÑO DESTINADO A CONECTAR EL MUNDO

Mark Elliot Zuckerberg nació el 14 de mayo de 1984 en White Plains, Nueva York. Sus padres son la psiquiatra Karen Kempner y el dentista Edward Zuckerberg.

Creció con sus tres hermanas, Randi, Donna y Arielle, y fue educado en una comunidad judía. Sus padres siempre se ocuparon de ofrecer la mejor educación a sus hijos y Mark logró sacar todo el provecho de ello.

Mark Zuckerberk siempre destacó en sus clases y obtuvo premios en ciencias. Desde pequeño estuvo en contacto con la información que le permitiría emplear su inteligencia y habilidades innatas para crear soluciones muy prácticas. De hecho, en el instituto elaboró un programa que posibilitaba que los ordenadores de su casa y los de la oficina de su padre se comunicaran entre sí. Su interés por conectar a las personas ya estaba germinando en el adolescente.

Además, cuando solo tenía 18 años creó la exitosa aplicación Synapse Media Player, que reproducía canciones basándose en las preferencias y selecciones previas de los usuarios. Sin embargo, la verdadera magia ocurrió cuando entró en la Universidad de Harvard a estudiar Ciencias de la Computación.

Durante sus primeros años en la academia exploró varias formas de lograr que los miembros de la universidad se conocieran e interactuaran entre sí a través de una red. En sus intentos iniciales desarrolló el Coursematch, que permitía conocer a los compañeros de clases y, posteriormente, desarrolló Facematch.com, una especie de web en la que era posible ver y calificar a las estudiantes de la universidad a través de sus fotos.

Aunque Zuckerberg fue acusado de usar la base de datos de la universidad sin permiso y de utilizar información confidencial, nada podría detener el fenómeno que estaba a punto de desarrollarse.

El talento del pequeño Mark comenzó a salir a flote desde muy temprana edad. Sin embargo, las oportunidades con las que contó fueron cruciales para que sus ideas llegaran a concretarse.

Cuando un niño pequeño tiene un talento o habilidad prodigiosa, esta suele pasar desapercibida. No obstante, cuando crece expuesto a situaciones de aprendizaje que retan su intelecto y lo mantienen con el interés necesario y suficiente para ayudarlo a desarrollar su potencial, los resultados son más que sorprendentes.

PERSEGUIR LOS SUEÑOS ES LA MEJOR ESTRATEGIA PARA HACERLOS REALIDAD

Mark estuvo coqueteando desde niño con la idea de lograr que las personas pudieran estar en contacto en un entorno virtual de una manera sencilla y amigable. Aunque no tenía todas las herramientas, supo hacer equipo con otros brillantes jóvenes con los que compartía habitación en la universidad y logró contagiarles su entusiasmo por este proyecto.

La mejor estrategia para hacer realidad un sueño es perseguirlo. No importa lo complejo que parezca ponerlo en práctica; si tienes un plan y cuentas con las herramientas para llevarlo a cabo, solo queda poner manos a la obra.

Pese a las dificultades con las que se enfrentó Mark tras su primera versión de Facebook, no quería abandonar su idea de crear este espacio virtual. Encontró los aliados que necesitaba para perfeccionar su modelo de red social y el despegue fue casi inmediato.

Desde la fundación de Facebook en 2004, que entonces era solo para los estudiantes de Harvard, llegó a otras universidades en muy poco tiempo. A partir de allí, la posibilidad de que cualquier persona con una dirección de correo electrónico pudiera crear una cuenta en la plataforma marcó el comienzo de una revolución.

Los numerosos problemas legales, discordias con los primeros co-creadores y temas presupuestarios no hicieron mella en el espíritu creativo de Zuckerberg. Ya había alcanzado su sueño, así que lo último en su lista de tareas era abandonarlo, y nunca lo ha hecho.

Incluso cuando ya Facebook estaba en la bolsa, Zuckerberg y el resto de la junta recibieron una propuesta de Yahoo, que consistía en una oferta de 1.000 millones de dólares por la compañía. Sin embargo, Mark se negó, ante la mirada incrédula de la mayoría de los miembros, que pensaban que era un precio más que justo.

A pesar del riesgo que asumió al no aceptar la jugosa oferta, Mark Zuckerberg estaba convencido que tenía mucho por hacer todavía en su afán por mejorar las comunicaciones entre las personas. Los hechos indican que tomó la mejor decisión.

PIENSA EN EL CLIENTE

Los grandes emprendedores del mundo se han caracterizado por comprender la importancia de complacer al cliente como la mejor estrategia de *marketing*. Mark Zuckerberg no es diferente en este sentido.

De hecho, desde el principio de Facebook, el enfoque siempre estuvo en facilitar la vida de los usuarios a través de una comunicación directa y sencilla.

Los millones de usuarios de Facebook en todo el mundo son una evidencia de que este enfoque funciona. Las constantes transformaciones e innovaciones de esta plataforma responden a una política que se basa en conocer las necesidades del cliente y trabajar por garantizarlas.

Si logramos este propósito, contaremos con un público fiel a nuestro producto y se mantendrá leal a nuestras propuestas de servicio.

Desde la aparición de Facebook hasta nuestros días, han salido a la luz otras redes sociales que han intentado imitar o sustituir esta aplicación en la preferencia del público, pero es evidente que, hasta ahora, no han tenido éxito.

Ciertamente, algunas redes sociales se convirtieron en grandes aciertos y llegaron a ser una competencia seria para Facebook. Sin embargo, en cada caso Zuckerberg comprendió que podía apoyarse en ellas para ampliar y mejorar los servicios que ofrecía.

El año 2012 Facebook adquirió Instagram en un momento en el que experimentaba un vertiginoso crecimiento. Aunque la red se enfoca en la publicación de imágenes por parte de los usuarios, la fusión permitió ampliar el radio de acción de las dos aplicaciones.

El mismo razonamiento fue empleado en 2014, cuando Facebook compró WhatsApp en una transacción catalogada entre las más grandes de la historia. Aunque Zuckerberg ha sido acusado de monopolizar el mercado de las comunicaciones, se ha defendido de sus detractores demostrando que el cliente puede salir beneficiado de estas adquisiciones.

Las tres empresas líderes mundiales en telecomunicaciones pertenecen al grupo Meta, nombre con el que fue rebautizado el conglomerado de Mark Zuckerberg, quien ha demostrado contar con las habilidades necesarias y suficientes para ofrecer al público sus servicios favoritos, en el formato que prefiera.

SÉ UN LÍDER QUE SE INTERESA POR SU EQUIPO

A pesar de contar con un éxito tan prematuro, si puede llamarse así, Mark Zuckerberg es un emprendedor que aprendió a ser un líder abierto a las opiniones y a recibir ayuda de los demás.

La juventud de Mark fue un ingrediente muy especial en la conformación de su estilo de liderazgo, que fue construyendo con el paso del tiempo. Manejar cantidades enormes de dinero es una gran responsabilidad y el compromiso con el cliente también lo era, así que fue muy importante que Zuckerberg se apoyara en talentosos colaboradores que le permitieran salir adelante y estar a la altura del compromiso.

Aunque Mark Zuckerberg tiene un poder casi ilimitado para la toma de decisiones relacionadas con todo el grupo Meta y hace uso de él cuando lo considera necesario, se apoya en su equipo de trabajo, que está formado por los mejores del mundo en cada una de las funciones que realizan.

Con una estructura jerárquica que tiende a la horizontalidad, Mark Zuckerberg apuesta por tener una vinculación cercana con sus empleados, quienes llevan a cabo sus funciones en horarios flexibles e, incluso, pueden trabajar de forma remota. Adicionalmente, los trabajadores de Facebook y Meta en general cuentan con servicio de transporte y comida gratuitos, tienen más días de vacaciones que los establecidos por la ley y reciben excelentes sueldos.

Todo esto aunado a un programa de formación permanente que incentiva a los empleados a innovar y desarrollar ideas constantemente.

Al tratar a las personas del equipo con respeto, recibimos de vuelta una mayor productividad y sentido de pertenencia para con la organización.

Los niveles de exigencia no deben disminuir. Dee hecho, Zuckerberg tiene altos estándares de calidad que sus empleados deben superar, pero está convencido de que esto es posible cuando se sienten cómodos y están enfocados en el trabajo.

Contar con el mejor equipo trasciende las competencias técnicas que estos deben demostrar en sus puestos laborales. Un buen líder entiende que las personas a su cargo son seres humanos que rendirán mejor cuando sus necesidades básicas estén cubiertas, sean tratados con respeto y les demostremos que tienen un alto valor para la compañía.

Una de las frases que describe esta filosofía de Mark Zuckerberg dice: «Solo contrato a aquella gente para la cual yo trabajaría», con la que deja ver su interés en contar con personas que sean capaces de tomar decisiones importantes y, en definitiva, hacer grandes cosas.

CAMBIANDO EL MUNDO PARA BIEN

Además de mantenerse enfocado en la satisfacción del cliente y apostar por tener siempre el mejor equipo, Mark Zuckerberg ha mostrado que posee una gran sensibilidad humana, que se evidencia en su interés por crear espacios de colaboración para cambiar el mundo positivamente.

Mark Zuckerberk se casó con Priscilla Chan, una médica pediatra licenciada en Harvard, en el año 2012. Además de crear un hogar y ser padres de tres niñas, la pareja ha iniciado una organización que tiene como propósito ayudar a construir un futuro más inclusivo, justo y positivo para todo el mundo, mediante la colaboración, la dotación de recursos y el desarrollo de tecnologías.

La Iniciativa Chan Zuckerberg (en inglés CZI) fue fundada en 2015 con la premisa de cubrir amenazas en todos los niveles, como erradicar enfermedades en el mundo o atender problemas locales en cada comunidad.

Para estos fines, tienen una agenda de actividades en todo el planeta que hace grandes inversiones en ciencia y tecnología para cumplir los objetivos de salud, pero también tienen proyectos que atienden otras necesidades. La pareja se comprometió en 2015 a donar el 99 % de sus acciones de Facebook, actividad que está en pleno desarrollo.

Atender las necesidades de otros nos brinda un punto de vista diferente sobre las cosas. Es difícil imaginar que existen personas en el mundo que, por ejemplo, no pueden tomar un vaso de agua cada vez que lo necesitan, cuando a nosotros nos basta con abrir el grifo para acceder a uno. Aprender a reconocer que existen tantos problemas por atender en el mundo nos ayuda a asumir una postura crítica, además de una actitud menos pasiva al respecto.

Reflexionar sobre los problemas que agobian a la humanidad es el primer paso para comenzar a trabajar en consecuencia, desde nuestro espacio vital, con los recursos que tenemos disponibles.

Por otra parte, ser sensible a las dificultades que otros tienen nos convierte en personas agradecidas con las ventajas de las que disfrutamos, pero, además, nos hace reconocer que otros seres humanos nos necesitan. En palabras de Mark Zuckerberg: «Puede que no tengamos el poder de crear el mundo que queremos de inmediato, pero todos podemos empezar a trabajar a largo plazo hoy».

NO PUEDES TEMER AL FRACASO

Mark Zuckerberg nunca tuvo miedo de fallar en sus intentos por crear la red social Facebook y esa actitud le llevó a levantar un imperio que él mismo no habría podido imaginar.

Cuando tenemos una idea es normal que aparezcan pensamientos desalentadores que nos hacen creer que no es posible llevarla a cabo. Sin embargo, no hacer nada es el verdadero error.

Atreverse a crear es un requisito que debe cumplir todo emprendedor y es un excelente consejo que debemos emplear en nuestra vida cotidiana, dentro y fuera de los negocios. Hacer cosas diferentes nos mantiene despiertos y nos ayudará a no caer en la monotonía.

Aunque en el campo empresarial los errores pueden resultar en pérdidas económicas, lo más probable es que el riesgo lo valga. Mark Zuckerberg y su equipo acumulan una larga lista de fracasos en su carrera por mantener Facebook en el primer lugar de preferencia entre el público. El teléfono de Facebook, el videochat Portals y la criptomoneda Libra son algunos casos de proyectos que no terminaron bien y fueron abandonados.

Todos y cada uno de estos reveses han permitido aprender y retomar el proceso creativo con los ajustes pertinentes. El camino del éxito está construido sobre la capacidad de innovación, por lo que no arriesgarse es igual que fracasar.

UN HOMBRE ENFOCADO EN LA INNOVACIÓN

Facebook es un ejemplo claro de un producto al que hemos visto nacer y crecer a tiempo real. La evolución de esta plataforma ha estado llena de aciertos y desaciertos, ajustes, mejoras y actualizaciones que intentan cumplir todas las demandas del cliente, como un asunto de filosofía empresarial.

El espíritu innovador de Mark Zuckerberg y su implacable ambición por llegar al futuro antes que los demás ha posibilitado que la red social se mantenga a flote como una de las favoritas del público.

El nombre de Zuckerberg se menciona en cada charla o conferencia que tiene que ver con innovación y tecnología, puesto que todos esperan conocer en qué proyecto trabaja el joven genio.

De hecho, el metaverso es el tema sobre el que Mark se ha enfocado en los últimos años, llegando a afirmar que este será el sucesor de internet en los dispositivos móviles.

Con la promesa de crear experiencias completamente inmersivas y novedosas, Zuckerberg se encuentra en una carrera por ser el primero en ofrecer al público esta tecnología.

Su interés por ser pionero en todo lo que hace se vislumbra en el aviso de las oficinas de Facebook, «Mejor hecho que perfecto». Llegar *antes* que los demás es el objetivo. Después ya nos ocuparemos de hacer los ajustes necesarios para perfeccionar los detalles.

De este modo, este empresario y amante de la tecnología sigue enfocado en ofrecernos un mundo más y mejor conectado, a través del metaverso, la inteligencia artificial y todas las herramientas que pueda emplear para lograrlo.

23
Daniel Ek
y Martin Lorentzon
Spotify

Revolucionando la industria musical

Daniel Ek y Martin Lorentzon son los fundadores de Spotify, la plataforma de descargas musicales más importante del mundo. Este par de emprendedores de origen sueco revolucionaron la industria de la música a través de un modelo que intentaba resolver el problema de la piratería, que tanto afectaba económicamente a artistas y discográficas. En este esfuerzo, crearon una aplicación que permitía tener acceso legal a la música y apoyar a todos los involucrados.

A pesar de las dificultades, Ek y Lorentzon transformaron la manera como escuchamos el contenido que nos gusta y, en la actualidad, cuentan con presencia en casi todo el planeta, además de convertirse en verdaderos magnates de la industria musical.

El caso de Spotify es emblemático como experiencia de éxito de un par de empresarios que no se dejaron vencer por las dificultades hasta lograr su objetivo. La combinación entre las habilidades de Daniel Ek para convencer a las compañías discográficas, con la experiencia acumulada en el mundo empresarial por Martin Lorentzon, resultó en una fórmula mágica para el éxito. La empresa, valorada en más de 50.000 millones de dólares, no ha dejado de crecer y reinventarse bajo la tutela de sus fundadores.

CUANDO TU OBJETIVO ESTÁ CLARO, EL ÉXITO ESTÁ ASEGURADO

Los creadores de Spotify no nacieron en la misma época, pero ambos parecen haber entendido desde muy pequeños que estaban destinados a ser emprendedores exitosos.

Daniel Ek nació el 21 de febrero de 1983 en Estocolmo, Suecia. Fue educado por su madre y su padrastro y tiene un hermano menor llamado Felix. Sus abuelos fueron una gran influencia en su vida, pues ambos se dedicaron a la música y se ocuparon de inculcar el amor por el arte a toda su descendencia.

Cuando sus abuelos le regalaron una guitarra cuando cumplió cinco años, su vida cambió para siempre. Sin embargo, el pequeño Daniel logró descubrir su otra pasión a través de un Commodore 20, otro regalo que terminó por definir su incesante atracción por la música y la tecnología.

El prodigioso Daniel Ek aprendió a programar ordenadores, cantar y tocar la guitarra como parte de sus intereses más destacados, pero fue su talento con la tecnología lo que le permitió construir su primer negocio exitoso a los 13 años.

Daniel aprendió a diseñar sitios web y, más adelante, cobraba entre 100 y 200 dólares por hacerlo para otros. A los 18 años contaba con un grupo de 25 personas trabajando para él en estas lides. A muy corta edad ya estaba practicando sus acordes para componer una sinfonía empresarial que lo haría famoso.

Por su parte, Martin Lorentzon también destacó entre sus compañeros desde muy joven. Nació el 1 de abril de 1969 en Småland, al sur de Suecia. Su padre era economista y su madre era profesora. Además, creció en compañía de sus dos hermanos.

Su primera idea de negocio la compartió con sus compañeros de escuela primaria y consistía en su deseo de vender una caja de cerillas a cada persona en China, con lo que pretendía volverse millonario. Es evidente que el joven Lorentzon había hecho sus cuentas y tenía una clara estrategia para hacerse rico.

Martin decidió seguir el camino de su padre y estudió economía. Se formó en varias instituciones reconocidas, como la Universidad Tecnológica de Chalmers, la Escuela de Negocios, Economía y Derecho de Gotemburgo y la Escuela de Economía de Estocolmo. Sin embargo, su futuro en los negocios estaba en la tecnología.

A diferencia de Martin Lorentzon, Daniel Ek no tuvo éxito con los estudios universitarios. Se graduó de la secundaria de IT-Gymnasiet en 2002 y, aunque se inscribió en la carrera de ingeniería en el KTH Royal Institute of Technology, abandonó pocas semanas más tarde para continuar con su carrera como emprendedor.

Los pequeños Daniel y Martin no tenían cómo anticipar el brillante futuro que compartirían. El hecho de que siguieron caminos diferentes en sus inicios demuestra que no existe una única ruta para llegar al éxito.

Al final del recorrido, la diferencia entre alcanzar el éxito o no lograrlo se encuentra en nuestras habilidades innatas y la manera que elegimos para desarrollarlas. Para algunas personas la universidad es el escenario perfecto para desplegar las competencias técnicas y personales que se necesitan para contar con un futuro seguro.

No obstante, con frecuencia descubrimos experiencias exitosas de personas que se han enfocado en seguir su instinto y confiar en sus capacidades, logrando excelentes resultados, tanto en los negocios como en la sociedad.

Cuando sientes que tu futuro estará lleno de grandes oportunidades, no importa la ruta que elijas, sino que tu objetivo esté claro.

SIGUE ADELANTE, AUNQUE GOOGLE TE RECHACE

El rechazo es una de las cosas con las que tenemos que aprender a lidiar en la vida. No es sencillo aceptar que no somos lo que una persona o empresa necesita en un momento determinado. Lamentablemente, con frecuencia el rechazo produce efectos muy negativos en nosotros, al punto de incapacitarnos para seguir adelante.

La historia de Daniel Ek, sin embargo, cuenta con una anécdota curiosa que nos abre la mente para entender que el rechazo puede llegar a ser una señal de que debemos cambiar de rumbo. El resultado puede llegar a sorprendernos.

Antes de fundar Spotify, Ek se postuló para un puesto en el gigante tecnológico Google, convencido de contar con todo lo requerido para ser contratado con éxito. Sin embargo, no recibió la respuesta que quería y, por el contrario, fue rechazado por no contar con una licenciatura.

La reacción inicial de Daniel fue algo visceral, teniendo en cuenta que mientras recibía este disgusto se proponía crear su propio buscador y fundar el competidor de Google. Su exitosa experiencia como emprendedor le llevó a pensar que sería una tarea sencilla. En poco tiempo se dio cuenta de que la tarea era más que titánica y desistió de ella, pero solo porque ya tenía otro plan en mente.

Aunque Daniel Ek era muy joven y, ciertamente, no contaba con una licenciatura, estaba convencido de tener las competencias para formar parte del equipo de Google. No obstante, gracias a que no fue aceptado, creó la empresa de publicidad Advertigo, un proyecto muy exitoso que en pocos años logró vender en una operación millonaria con Tradedoubler, compañía perteneciente a Martin Lorentzon.

El rechazo de Google sentó las bases para la gestación de una alianza que, años más tarde, convertiría a Daniel Ek en un magnate de la industria musical.

SER MILLONARIO NO LLENA TODOS LOS ESPACIOS

Ser millonario a los 23 años puede ser una experiencia abrumadora. Daniel Ek descubrió su talento para la tecnología y sacó todo el provecho posible. La venta de Advertigo fue un éxito corporativo, así que había logrado todo lo que se había propuesto. ¿Qué podría salir mal?

Tener un plan nos hace estar preparados para atender cualquier contingencia en caso de que algo no vaya bien, pero ¿qué pasa cuando todo sale bien? Se supone que eres feliz y disfrutas de tu éxito, ese es el final que todos perseguimos.

Sin embargo, el éxito puede sorprendernos y llevarnos a tomar malas decisiones. Es por ello que muchas personas desaprovechan grandes fortunas y terminan en la quiebra, por no contar con una red de apoyo que les permita valorar sus ingresos y gestionarlos de la manera correcta.

Este no fue exactamente el caso de Daniel Ek, pero sí cuenta una parte de su historia. Ek decidió comprar un Ferrari, se mudó a un apartamento en una exclusiva zona de la ciudad y comenzó a frecuentar los lugares de moda. En poco tiempo sintió que ese estilo de vida que había anhelado no era lo que realmente deseaba.

La sensación de que sus amigos solo le acompañaban por su dinero hizo que Ek entrara en un fuerte proceso depresivo. Sus padres lo apoyaron, vendió el coche y todas las propiedades adquiridas y se mudó a la cabaña de la familia en las afueras de Estocolmo.

Aunque el dinero es un valor que todos necesitamos, no es capaz de llenar todos los espacios de nuestra vida para hacernos felices. La idea que debe prevalecer en nuestra cotidianidad es la de conseguir la felicidad plena, entendida como la suma de todo lo que necesitamos para sentirnos en paz con nosotros y con los demás.

La mayoría de las cosas que necesitamos no se compran con dinero, pero este nos permite contar con una calidad de vida que nos proporcionará tranquilidad y seguridad. No hay ningún problema en tener mucho dinero. Lo que hace falta es contar con una estrategia que nos ayude a emplearlo correctamente, en atención a nuestros propósitos de orden superior, que tienen que ver con nuestra visión, nuestra filosofía de vida y el legado que deseamos dejar a los nuestros.

La depresión de Daniel Ek evolucionó satisfactoriamente una vez que se involucró en un nuevo proyecto. Después de vender su compañía a la exitosa Tradedoubler, descubrió que tenía muchas cosas en común con su CEO, Martín Lorentzon. El nuevo propósito que los emprendedores compartirían cambiaría sus vidas y el mundo musical.

CUANDO LA EXPERIENCIA MARCA LA DIFERENCIA

Martin Lorentzon es un experimentado y exitoso empresario sueco que ha aprendido a afinar su vista para detectar grandes talentos y oportunidades. Prueba de ello es su largo recorrido empresarial antes de fundar Spotify con Daniel Ek en 2006.

Lorentzon comenzó su trayectoria en Suecia, pero muy pronto se mudó a San Francisco, donde inició su camino de ascenso en el competitivo mundo de Silicon Valley.

La tecnología se convirtió en el punto fuerte de Martin Lorentzon, así que ocupó altos cargos en AltaVista, Cell Ventures y NetStrategy. Más tarde, logró crear la exitosa Tradedoubler, empresa de *marketing* digital que lo convirtió en millonario.

Evidentemente, el éxito de Lorentzon y la experiencia acumulada eran armas poderosas a la hora de emprender cualquier plan. Además, su habilidad para reconocer talentos le permitió escuchar y creer en las ideas de Daniel Ek, quien, por cierto, no fue la única superestrella de los negocios descubierta por Martin.

Martin Lorentzon ya era millonario cuando se cruzó con Daniel Ek, quien también tenía la vida resuelta con sus propios méritos. Sin embargo, ambos tenían la intención de seguir adelante. Ek buscaba inspiración para darle un nuevo objetivo a su vida, pero Lorentzon tenía el olfato necesario para saber que estaba frente a un joven innovador que se traía algo muy bueno entre manos.

No debemos subestimar nuestra propia experiencia como un valor de peso a la hora de emprender. Cuando estamos seguros de que nuestro instinto no se equivoca, en realidad estamos apoyándonos en nuestro capital cultural, en las ideas previas, en nuestras experiencias, triunfos y fracasos anteriores, que nos permiten seguir o no un plan, un nuevo proyecto. Al final del día, la experiencia es lo que marca la diferencia.

SI CREES EN TU IDEA, PUEDES VENDERLA

Martin Lorentzon comprendió inmediatamente la propuesta de Daniel Ek de crear una plataforma capaz de contar con toda la música que el usuario deseara escuchar, sin necesidad de comprar los discos ni incurrir en el delito de piratería.

La experiencia de Lorentzon en los negocios en general y en el *marketing* digital le facilitaron la tarea de imaginar el escenario, pero no ocurrió lo mismo con los inversores y tampoco con las compañías discográficas.

Para el tema económico, Lorentzon aportó un millón de dólares para comenzar, así que de este modo fundaron Spotify en el año 2006, con un nombre que no tiene ningún significado y que los fundadores eligieron por casualidad.

Por otra parte, convencer a las discográficas de que Spotify sería una buena idea fue tarea de Daniel Ek. La propuesta era innovadora, tal vez demasiado para la mayoría. Las compañías no confiaban en un sistema que proponía que la música estuviera disponible para el alquiler, en lugar de para la compra. Menos rentable parecía que también podrían tener acceso a ella de forma gratuita.

Pasaron un par de años antes de que las empresas discográficas otorgaran a Spotify la licencia para trabajar en el mercado sueco, que sería una especie de prueba piloto, pero que sirvió para demostrar el excelente funcionamiento de la plataforma, transmitió seguridad y permitió la apertura de nuevos mercados.

Ek pasó dos años persiguiendo a los líderes de las discográficas para convencerlos de su idea y paso a paso lo logró. Los catálogos de Spotify estaban disponibles en 2008 y en 2011 la plataforma llegó a los Estados Unidos, no sin antes sortear los obstáculos puestos por rivales como Apple.

Creer en tu idea de negocio no alcanza para emprender, pero sin duda alguna es el punto de partida para hacer las alianzas necesarias para comenzar a crecer. Si tienes dudas, estas se transmiten a tus clientes o inversores, por lo que probablemente no contarás con el apoyo que necesitas.

Confiar en tu instinto y habilidades hace que tu discurso sea confiable y seguro, lo más importante para convencer a los demás. Cree en tí y vende tu idea a la red de contactos estratégicos que has construido, los resultados comenzarán a aparecer. Debes tener paciencia, pero persistir hasta el final.

SIEMPRE TIENES QUE INNOVAR Y ADAPTARTE

Spotify es una plataforma joven que afronta grandes desafíos, desde el principio. Desde la necesidad de dinero, que tuvo que atender en un principio Martin Lorentzon con dinero propio, hasta las dificultades para convencer a las compañías discográficas, que cedieron ante los argumentos de Daniel Ek.

Sin embargo, el principal reto de Spotify ha sido la necesidad de reinventarse sobre la marcha. El crecimiento de la compañía es notable y esto se debe a que cuenta con un sistema de funcionamiento ágil, que le proporciona flexibilidad y adaptarse a los cambios con facilidad.

En este sentido, tanto Daniel Ek como Martin Lorentzon han apostado por la innovación como estrategia para mantenerse a la vanguardia. Esto ha facilitado que Spotify saliera adelante en los momentos difíciles que atravesó durante el *boom* de los teléfonos móviles, que los obligó a repensar su idea.

Aunque no tenían previsto implementar ninguna aplicación para teléfonos inteligentes, Lorentzon y Ek reaccionaron rápidamente y comprendieron que debían pasar de los ordenadores de escritorio a los móviles. La rápida transformación del mercado, cuando aún estaban dando sus primeros pasos, fue una prueba de fuego que, finalmente, salió bien.

Los desafíos de Spotify siguen existiendo y sus cofundadores están listos para enfrentarlos usando la estrategia de la innovación. Adelantarse a los cambios para estar preparados es la única opción.

Daniel Ek y Martin Lorentzon han revolucionado la industria musical y siguen siendo referencia de cómo una idea disruptiva es el origen de soluciones creativas e innovadoras oportunidades de negocio.

24
Adi Dassler
Adidas

Un emprendedor con las zapatillas bien puestas

Adi Dassler fue el creador de la mundialmente conocida marca Adidas. Este artesano alemán de espíritu inquebrantable y una creatividad ilimitada dedicó su vida a fabricar los mejores zapatos para cada deporte y marcó un antes y un después en la industria del calzado.

Su talento como inventor se desarrolló en los peores momentos de su vida, cuando después de la guerra no contaba con materia prima y tenía que optar por usar cualquier material disponible para elaborar sus productos. Sin embargo, su empresa familiar se mantuvo a flote, sostenida por el ingenio y la pasión de Dassler por la innovación y por el deporte.

Adi Dassler no imaginó que casi 100 años después de su creación, Adidas sería aún una poderosa corporación que mantiene su esencia, logrando satisfacer al cliente en todo momento.

UN ARTESANO QUE QUERÍA SER DEPORTISTA

Adolf Dassler nació el 3 de noviembre de 1900, en Herzogenaurach, Alemania. Sus padres fueron Pauline, que tenía una lavandería en casa, y Christoph Dassler, quien era sastre.

Adolf era el menor de cuatro hermanos, Fritz, Marie y Rudolf, quienes también formarían parte de la futura fábrica de zapatos.

Al terminar la secundaria, Adolf Dassler, a quien todos llamaban Adi, comenzó a formarse como aprendiz de panadería, que era el deseo de su padre, pero al terminar quiso aprender el oficio de zapatero, que le pareció más interesante.

Al regresar a casa después de prestar servicio militar en la Primera Guerra Mundial, el país estaba sumido en la pobreza, por lo que era difícil sostenerse. Adi instaló en la lavandería de su madre un pequeño taller de reparación de calzados que les ayudó a ganar dinero. En ese espacio fabricaría su primer par de zapatos deportivos, empleando lino como materia prima.

Además de fabricar zapatos, Adi Dassler era un apasionado de los deportes. Llegó a practicar disciplinas diversas, como atletismo, fútbol, boxeo, hockey sobre hielo y esquí. Esta experiencia lo preparó para convertirse en el primer fabricante de zapatos especiales para cada deporte.

La versatilidad de Adi en los deportes lo hacía ser bueno, pero no destacaba en ninguno de forma especial. Sin embargo, nunca se alejó de ellos y fue un seguidor consecuente y dedicado, al punto de enfocarse en crear las mejores zapatillas para cada especialidad deportiva.

La pasión de Adi Dassler era notable, jamás desistió de estar involucrado con el mundo deportivo, por lo que se mantuvo rodeado de atletas y entrenadores que, con el tiempo, se convirtieron en los mejores informantes para asegurarse de ofrecer calidad a sus clientes.

Si sabemos explotar nuestro talento nunca tendremos que renunciar a nuestros sueños. Aprender a adaptarse a las dificultades es difícil, pues se trata de una habilidad que suele desarrollarse cuando hemos estado expuestos a situaciones extremas.

La evidencia indica que las peores crisis pueden hacer salir lo mejor de nosotros.

LAS PEORES CRISIS NOS HACEN GRANDES INVENTORES

Después de la Primera Guerra Mundial, Adi y su familia vivieron momentos difíciles, pero, probablemente, estos fueron los días en los que se forjó su carácter creativo e innovador.

Sin dinero para adquirir suministros, todos los artículos que eran considerados como desechos provenientes de la guerra sirvieron de material de reciclaje. De este modo, se emplearon bolsas de pan, cascos del ejército y paracaídas en lugar de suelas, cuero y telas.

El primer invento revolucionario de Dassler fue una fresadora de cuero que, ante la ausencia de electricidad, hizo funcionar con cinturones y una bicicleta estática. Un joven ayudante que impulsaba la rudimentaria máquina se convirtió en el primer empleado de la empresa.

Nada detendría a un joven convencido de que podría fabricar los mejores zapatos. De hecho, elaboró los primeros calzados con púas de la historia, que se forjaron en la herrería de su amigo y compañero en deportes, Fritz Zehlein.

Adi Dassler estaba obsesionado con fabricar zapatos cómodos, pero también más livianos, que ofrecieran un mejor resultado a los atletas mientras practicaban sus deportes. En ese esfuerzo experimentaba con piel de tiburón, cuero de canguro y diferentes variantes en un mismo diseño, intentando encontrar la mejor versión.

Ninguna crisis puede ser excusa para detener la carrera detrás de nuestros sueños. Hace falta pasión y un deseo inquebrantable para luchar como lo hizo Adi Dassler, logrando sobreponerse a las condiciones más inhóspitas para lograr su cometido.

Trabajar bajo presión y con recursos limitados no es el escenario ideal, pero sin duda es un excelente ejercicio para desarrollar nuestra habilidad para encontrar respuestas insospechadas a los problemas que se nos presentan.

ENCUENTRA UNA IDEA ORIGINAL EN UN MUNDO MONÓTONO

Mientras más arraigada se encuentra una idea en la sociedad, más difícil es proponer una diferente. Pero a veces lo complicado es que esa idea innovadora llegue a nuestra mente.

Adi Dasler siempre estaba intentando mejorar las cosas, así que era muy observador. Durante su paso por el mundo deportivo notó un detalle importante que sería el punto de partida y la clave del éxito de su fábrica de zapatos.

Adi observó que todos los atletas, independientemente de la disciplina que practicaran, usaban básicamente el mismo calzado. La conclusión de Dassler lo llevó a diseñar un tipo de zapato específico para cada deporte, con la finalidad de optimizar el desempeño del atleta.

Como consecuencia, también desarrolló un negocio que ofrecía zapatos exclusivos, con especificaciones que se adaptaban a los requisitos de cada disciplina deportiva. Fue cuestión de tiempo que se convirtiera en el favorito de todos los clientes.

Las ideas más innovadoras suelen provenir de las situaciones cotidianas. El pensamiento divergente no es común y, con frecuencia, ni siquiera es bien valorado. Sin embargo, en los negocios es muy importante aprender a ver el mundo de forma diferente.

Nadie había reflexionado antes sobre la importancia de emplear un zapato con ciertas características para mejorar el rendimiento deportivo. Pero la curiosidad de Adi Dassler y su empeño en mejorar lo que ya existía, en favor del cliente, lo hizo ver más allá de lo evidente.

No hace falta contar con un talento especial para desarrollar la creatividad. Lo verdaderamente importante es ser conscientes de cómo pensamos y aprender a hacerlo de otro modo.

Otra manera de estimular nuestro pensamiento creativo es respondiendo de forma poco tradicional a los interrogantes que se nos presentan. Esto tiene que ver con intentar hacer las cosas de manera diferente, cuestionar las ideas propias y ajenas, buscar opiniones de otras personas y, en definitiva, atender a los detalles, evitando dar las cosas por irremplazables. Como resultado, somos capaces de encontrar ideas extraordinarias en un mundo ordinario, gobernado por la monotonía.

CREA ALIANZAS ESTRATÉGICAS

Con la incorporación de su hermano Rudolf Dasler, en 1923, ya eran tres los empleados en la fábrica. La pequeña compañía se creó en 1924 bajo el nombre de Gebrüder Dassler, en alusión a los hermanos Dassler.

En estos días fabricaban botas de fútbol y zapatos para atletismo con púas forjadas en el taller de su amigo.

Más allá del espíritu creativo e innovador de Adi, su capacidad para crear alianzas que le ayudaran a dar a conocer sus zapatos fue lo que terminó por impulsar el negocio.

Uno de sus primeros aliados fue el entrenador del equipo olímpico alemán de atletismo, Josef Waitzer, quien fue a conocerlo para comprobar lo que había escuchado sobre los zapatos que fabricaba y el efecto que producían en los atletas.

Esta alianza funcionó para que Adi accediera a información valiosa sobre las experiencias de los atletas, que era empleada para llevar a cabo más experimentos y optimizar sus productos.

Crear una red de contactos que te permita contar con información privilegiada es una excelente estrategia de negocios y, en nuestros días, prácticamente indispensable para crecer en el mercado.

Adi Dassler descubrió rápidamente la utilidad de estos contactos, pero lo que realmente fue un movimiento revolucionario fue que los atletas usaran sus zapatos en las competencias importantes.

INVERTIR PARA GANAR: EL NACIMIENTO DEL PATROCINIO

Los zapatos fabricados por Dassler comenzaron a emplearse en competiciones internacionales. En los Juegos de Amsterdam de 1928, la corredora alemana Lina Radke ganó la medalla de oro y usaba zapatillas de atletismo Dassler.

Adolf Dassler preparó una estrategia de *marketing* innovadora en los Juegos Olímpicos de 1936. Aunque el equipo alemán de atletismo en pleno usaría sus zapatillas, Adi se puso en contacto con la estrella estadounidense de atletismo, Jesse Owens, y le ofreció sus zapatillas. El joven atleta aceptó el obsequio y usó los zapatos para ganar la medalla de oro y romper su propio récord, además de ganar dos medallas doradas más en diferentes pruebas del mismo evento. La estrategia había funcionado, los zapatos de Adi Dassler se dispararon en ventas y se convirtieron en una referencia internacional.

Estos fueron los primeros pasos en una larga historia de alianzas entre atletas y empresas, con la finalidad de intercambiar beneficios. La idea de patrocinio que tenemos en la actualidad nació de la incansable búsqueda de espacios para crecer y darse a conocer de Adi Dassler.

Cuando tus clientes hablan bien de tu producto o servicio te están ayudando con la mejor publicidad que podrías pagar. Nada es más confiable que la opinión de un cliente satisfecho.

Adi contaba con el beneficio de que muchos de sus clientes eran estrellas en los deportes, así que entendió que el público, al ver usar los zapatos de su marca, entendería que deberían ser los mejores, así que querrían comprarlos. No estaba equivocado.

PONERSE EN EL LUGAR DEL CLIENTE

Lo que llevó a Adidas al éxito fue la visión de su creador, Adi Dassler. Su interés en lograr que el cliente estuviera satisfecho lo convirtió en un hombre riguroso y exigente que prestaba gran atención a los detalles, siempre dirigidos a beneficiar a los atletas.

Adi se ocupó de pensar en los atletas y se puso en su lugar para asegurarse de que sería capaz de ofrecerles un calzado que les permitiera alcanzar un mejor desempeño.

Diseñar calzados específicos adaptados a las necesidades del atleta y creados a partir de sus propias opiniones y sugerencias, fue una estrategia que nadie había empleado hasta entonces. El éxito de Adidas fue extraordinario y se convirtió en la marca preferida de los deportistas, gracias a la atención casi obsesiva que Adi Dassler dedicaba a los detalles que podrían marcar una diferencia a su favor.

Cuando estamos verdaderamente apasionados con lo que hacemos, puede que nuestros esfuerzos resulten exagerados a la vista de otros. Muchas personas juzgaban como obsesivo el comportamiento de Adi Dassler en su búsqueda de lograr complacer las demandas del cliente.

La pasión causa este efecto. Es normal que otros no vean hacia dónde nos dirigimos, especialmente cuando no comparten nuestros objetivos. Ponerse en el lugar del cliente genera empatía y comprensión, de manera que es más sencillo acertar al intentar complacer y ofrecer el mejor servicio.

Además, cuando estamos enfocados en comprender las necesidades del cliente, nuestro sentido creativo se estimula y estamos innovando constantemente, buscando nuevas ideas para optimizar procesos, mejorar el producto o crear otros nuevos.

Adidas no dejó de innovar nunca mientras Adi Dassler estuvo a la cabeza de la empresa y, de hecho, aún lo hace. En los años 60, la empresa Adidas era la mayor productora de zapatos deportivos en el mundo y Adi se mantenía activo, creando calzados cada vez más livianos y cómodos para los atletas.

En esos años se le ocurrió incorporar un calzado que ayudara al atleta a no contraer infecciones fúngicas, el Adilette, que todavía se emplea. Más adelante, Adidas dio un paso más como pionero en la industria de la ropa deportiva con la creación del primer traje de calentamiento para atletismo, el chándal.

La vigencia del legado de Adi Dassler demuestra cuánto poder puede tener una idea que nos apasiona. A pesar de crecer en un entorno lleno de limitaciones, las ganas de superación ganaron.

El momento histórico que vivía su país lo llevó a involucrarse en un conflicto bélico que terminó por separar a su familia. Se enemistó de manera irremediable con su hermano Rudolf, quien seguiría un camino similar al suyo, al crear la empresa de zapatos Puma.

Tuvo que comenzar desde cero una y otra vez, reconstruyó su vida, corrigió viejos errores políticos y tomó las riendas de su futuro, convencido de estar en el camino que deseaba recorrer.

Al separarse de Rudolf registró la empresa Adidas, nombre que responde a la combinación de su apodo, Adi, y la primera parte de su apellido, Dassler. Para entonces ya ya había aprendido lo suficiente para no dejar que los errores del pasado frenaran su ascenso.

El espíritu de servir al cliente estaba muy arraigado y el éxito que experimentaba alimentó su sed de crecimiento a través de la innovación.

Su esposa, Käthe, siempre aseguró que Adi no trabajó ni un día de su vida, pues sus ganas de acudir a la fábrica a crear nuevos prototipos, a hacer pruebas y a apuntar ideas novedosas no le causaba ningún trabajo. Era su pasión, no su trabajo.

Adi Dassler es un personaje que siempre nos recordará que nadie es más fuerte que nuestro poder para salir adelante, sin importar las visicitudes que se presenten.